JN312734

無理なく走れる CHIRUNNING
〈気〉ランニング

ダニー・ドライヤー ／ **キャサリン・ドライヤー** =著
Danny Dreyer　　　　　*Katherine Dreyer*

金 哲彦 =監訳／**柏木幹男** =訳
Tetsuhiko Kin　　*Mikio Kashiwagi*

大修館書店

CHIRUNNING :

A Revolutionary Approach To Effortless, Injury-Free Running

by Danny Dreyer and Katherine Dreyer

Copyright © 2004 by Danny Dreyer
Japanese translation published by arrangement with
ChiLiving, Inc. c/o Solow Literary Enterprises, inc.
through The English Agency (Japan) Ltd.

Taishukan Publishing Co.,Ltd.
Tokyo, Japan, 2008

謝　辞

　本書を著すにあたってご助力をいただいた人たちに謝意を表したい。直接手助けをしてくださった人、間接的にご助力をいただいた人、みなさんに重要な役割を演じていただいた。これほどチームワークのよい人たちを想像することはできない。

　どの点でもよきパートナーのキャサリンには、私を信頼してくれたこと、困難なときにも「＜気＞ランニング」のビジョンをもち続けさせてくれたことに感謝している。いつも選択することを思い出させてくれて、これ以上の贈り物はない。

　ジェフ・クラインには、このプロジェクトに対するゆるぎない熱意に感謝したい。広い視野で状況を把握する能力に、とても安心させていただいた。本書のエージェントのボニー・ソローには、この仕事を進めるにあたって指導していただき、とても感謝している。キャロライン・サットンには、初心者のひどい学習曲線に対して我慢強く指導していただき、とても感謝している。また、ローリ・チャンほど本書にふさわしい写真家を見つけることはできない。献身的な職人芸と喜びの表現によって本書に生気を与えていただいた。クリス、クリスティーナ、マーシャ他、シモン＆シュスター社のみなさんの熱心なご助力に謝意を表したい。

　徐先生には、私の人生に＜気＞を導き入れる方法を教えていただき、永遠の恩義を受けている。太古の中国の知恵をランニングという単純な動きに伝えていただいた寛大な行為に対し、深い尊敬の念でいっぱいである。

　「＜気＞ランニング」教室のみなさんに教えていただいたおかげで本書が生まれた。意見、提案、激励を、いつもタイムリーにいただいたことに感謝したい。

　アーガ・グッドセール、アドリアーネ・スタインアッカー、アントワネット・アディソンに感謝したい。最初の生徒であり、いまでも心からの親友

だ。長い間ずっと協力してくれてありがとう。

　アーガは、手本になるほどフォームがよいので、本書の申し分のないモデルになっている。さまざまな面で限りなくサポートしてくれたことに感謝している。

　ウルトラランニング仲間のみんなには大きな借りがある。粘り強さの手本を示してくれた。そして、ライバルの友人、ランニング仲間、競争相手など、努力目標を与えてくれサポートしてくれた人たち、みなさんのおかげでベストを尽くすことができた。

　母と最初の先生には、他の誰よりも長い間じっと我慢していただいたことに感謝したい。

　最後に娘のジャーニーには、私のなすことすべてを陰で支え、インスピレーションを与えてもらった。同世代の人とともに成長していくなかで、知恵を求めて天界に目を向け、真理を求めて体に耳を傾けてほしい。

監訳者まえがき

「自分と同じ考え方で指導しているコーチがアメリカにもいた」
　本書の原稿を編集者から受け取り読んだとき、まずそのことが頭をよぎった。
　私もこれまで、市民ランナー向けの本をいくつか出版してきた。ランニングを書籍という形で表現するためには、これまで培ってきたランニングのノウハウや考え方を一度整理しなければならない。そんな作業のさなかだっただけに、やや驚きさえ感じた。
　原作者は、アメリカで一般市民にランニングを教えているコーチのひとりである。ランニングコーチと聞いて、どんなイメージを読者は持つだろうか？
　日本でランニングを教えてくれるコーチといえば、ほとんどが学校の体育教師か、陸上部を受け持つ指導者だ。そして、競技者の頂点に立つトップアスリートを指導するのは実業団のコーチといわれる人たち。そのほとんどは、元名選手といわれる人たちである。コーチは、日本ではどちらかといえば競技者を指導するイメージが強い。また、アメリカに比べ、コーチの数が圧倒的に少ないのも現実である。ましてや、一般市民を指導するプロコーチは、ごくごく少数である。一方で、クラブ制度が発達した欧米では、市民ランナーレベルから国際級の選手まで、幅広い層を指導できるコーチが数多くいる。その数は、おそらく日本の何倍、何十倍にもなるだろう。運動生理学や運動力学、スポーツ医学が発達したアメリカの大学では、コーチ養成のためのカリキュラムが豊富に組まれている。元名選手でなくとも、しっかり勉強すれば、誰でもコーチになれるシステムだ。
　ところで、この本の原作者は一風変わっている。ウルトラマラソンランナーであり、一般の市民ランナーを指導するランニングコーチでもあるダニー・ドライヤー氏は、そんな一般的な養成カリキュラムから育成された指導者ではない。彼にランニングのヒントを与えたのは、太極拳の師範だったという。一般的に最先端のスポーツ科学は、西洋医学や物理学の考え方が主流であり、東洋の思想とは一線を画する場合が多い。本書が示す"気"ランニングの原点となる太極拳の考え方は、一般的なスポーツ科学とは直接関係

のない世界観から、ランニングに通用する新しい理論を導き出しているのである。この事実は興味深いことであり、東洋思想から発想していることそのものが、この本の価値を高めているように思える。

　正しいランニングフォームをつくるために欠かせないキーワードが、本書には随所にちりばめられている。例えば、"姿勢をよくする""体の軸をつくる""体を前傾することで重力に引っ張られる"などだ。これらのキーワードは、ランニングが重力を利用した二足歩行の人間の体重移動だという"人間が走る"という行為のメカニズムに見事に合致している。

　私は気功について詳しくはないが、以前、気功師が「気」を生み出す場所は、へその下にある丹田というツボだという話を何かの雑誌で読んだことがある。奇しくもその位置は、人間が立ったときの重心と一致する。ランニングの要は、いかに効率よく重心を移動させるかだ。「気」を生み出す場所である丹田と密接に関係しているのだ。

　また、本書は、トレーニングのピラミッドという課題にも、新しい提言をしている。長距離走に必要な要素は、まずできるだけ長い距離を走りスタミナ（持久力）を養成すること。そしてその土台の上に、スピードの三角形が乗るという考え方がある。これは、ランニング界の常識であるが、原著者はスタミナ（持久力）の下に、さらに"フォーム"という土台の底辺が必要なことを提言しているのだ。

　日本のランニングシーンは、東京マラソンの開催以来、その影響を受けて走り始めた初心者ランナーが急上昇中だ。ほとんどの初心者は、一度運動不足の時期を経て、体型が変わってからランナーになった人たちである。コーチがいなければ、ランニングフォームのことを考えることもない。多くは、ただ闇雲にオーバートレーニングを重ね、故障という痛い経験をしている。

　走り始めたら、まず正しいランニングフォームを徹底追求し、徐々に負荷レベルやトレーニング量を増やすことでトラブルを防ぐことができる。そればかりか、フォームから入れば、その後のタイム短縮やランナー自身の健康にまで影響してくることを本書は教えてくれる。本物志向のランナー必読の一冊である。

2008年3月　　　　　　　　　　　　　　　　　　　　　　金　哲彦

CONTENTS

謝 辞 i
監訳者まえがき iii

はじめに 太極拳の師から学ぶ ────────────── 2
　「＜気＞ランニング」と「パワーランニング」................................ 4
　本書の使い方 9

Chapter 1 「＜気＞ランニング」とは
　　　　　──＜気＞の働きで走るランニング革命────── 11
　ランニングから得られるもの 14
　なぜ、ケガをするのか 14
　「パワーランニング」──苦しまずして前進なし 15
　「＜気＞ランニング」と＜気＞ 18

Chapter 2 「＜気＞ランニング」の原理──自然法則の中で動く── 23
　自然法則に従わないとどうなるか 23
　「＜気＞ランニング」の主な原理 25
　原理1　柔と剛──体の中心に意識を集中──中心から動く 25
　原理2　徐々に進歩──一歩一歩着実に 27
　原理3　中心の強い筋肉（インナーマッスル）を働かせた動きをする ... 28
　原理4　バランスのとれた動きをする 30
　原理5　うぬぼれは禁物 31

Chapter 3 「＜気＞ランニング」の4つのスキル
　　　　　──心と体のコミュニケーション────────── 33
　スキル1　気持ちを集中 34

スキル2　体で感知 ·· 36
　　スキル3　深い呼吸 ·· 41
　　スキル4　リラックス ·· 44

Chapter 4　「＜気＞ランニング」の基本テクニック
　　　　　　──正しいフォームを身につける── 48

　正しいフォームを身につける ·· 49
　「＜気＞ランニング」テクニックを学ぶ4つのステップ ·················· 52
　　ステップ1　適正な姿勢 ·· 52
　　ステップ2　前傾し、重力で前進 ·· 58
　　ステップ3　脚と腕──下半身と上半身のフォーム ···················· 62
　　ステップ4　走りながら身につける ··· 72
　集中することのチェックリスト ··· 76
　走るときに集中すること ··· 77

Chapter 5　ランニング前後のケア 79

　走る前の準備 ·· 80
　　心の準備・80　　体の準備・81
　走った後のケア──回復と評価 ·· 92
　　回復に向けて・93　　走りを顧みて次に生かす・98

Chapter 6　トレーニング計画──進歩に向けて 101

　まずフォームを正す ·· 101
　フォーム、距離、スピードの3段階で進歩 ································· 102
　　フォーム改造・103　　距離・104　　スピード・106
　ランニング計画を立てる ·· 110
　　現状評価・110　　"体"重視の目標・113　　スケジュール・115
　包括的なランニング計画 ·· 116
　　インターバル走・117　　長距離走（LSD）・120　　ファンラン・121
　　坂道走・122　　テンポ走・122　　クロストレーニングについて・125

計画のグレードアップ——いつ、どのように、どれだけ行うか 126
    グレードアップのよりどころ・128
    グレードアップが必要なときを知る方法・130

Chapter 7 「〈気〉ランニング」テクニック習得における 問題点とその対処法 ——— 133

生産的苦しみと非生産的苦しみとの違い 133
フォームの問題解決 137
    姿勢・137   前傾・138   上半身・138   下半身・139
特殊な状況での対処法 151
    新しい地形・環境のランニング・151   疲れたとき・152
    病気・153   シューズについて・153   トレッドミルについて・156
    その他のさまざまな秘訣・157
    ■トレイルランニングにおける厳しい上り坂・下り坂の走り方・159

Chapter 8 ピーキングとレース ——— 165

ピーキングの考え方 166
レース向けトレーニングの計画——準備と実行 168
    地形・169   細部の計画・実行・170   個人的経験・171
    レース向けトレーニング中の留意点・171
    レース当日のアドバイス・174

Chapter 9 ランニングと人生 ——— 176

〈気〉の働きで生きる道しるべ 180
新たな扉を開く 181

付録／本書に関連する筋肉等 183
さくいん 184
訳者あとがき 188

▶▶▶ **無理なく走れる** ▶▶▶
〈気〉ランニング

▶ INTRODUCTION ▶▶▶

はじめに

太極拳の師から学ぶ

　ある晩春の暖かい日、走りに出て小学校にさしかかると、休み時間なのか子どもたちが鬼ごっこやボール遊びに興じて走り回っている。立ち止まってボトルの水を飲みながら、小さな脚の動きを眺めていると、なぜ子どもの走る姿にひきつけられるのか思いあたる。どの子のランニングフォームもパーフェクトだ。美しい前傾姿勢、後方に大きく伸びたストライド、高く上がるかかと、リラックスした腕振りと肩の動き。すばらしい！　大人がこの走りを学ぶ手助けをするのが、私のコーチとしての最大の願いだった。とても自然な動きだ。ラクに楽しそうに走っている。多くのランニング書が外に出て子どもの頃のように走ることを勧めているが、これにはひとつだけ問題がある。子どもの頃と同じ体ではないことだ。

　なぜ大人は子どものようにラクに楽しく走れないのか？　30年の走歴と何千人ものランナーとともに学んだ経験から、ストレスと力みが二大要因だと言える。自分自身についても言えるし、読者諸氏にもあてはまると思う。小学校6年を過ぎると、肉体的、精神的なストレスをさまざまな形で受けるようになる。例えば、不安を抱いたり、四六時中机に向かい前かがみになって肩が凝ったり、車を運転していて首が強張ったり……あげればきりがない。一つひとつは大したことではないようだが、生涯を通して積み重なると、体の動きに与える影響がだんだん大きくなってくる。私の体にもさまざまな悪習が染みついていて、子どものように走るのを困難にしている。だがうれしいことに、少しばかりの忍耐力と辛抱強さがあれば、誰でも子ども

頃の状態に戻ることは可能なのだ。

　アメリカには2,400万人のランナーがいるが、そのうち65％もの人が少なくとも年1回はケガで走るのをやめているという。今年1,560万人がランニングでケガをしたことになる。ランニングを愛憎相半ばする人がいても不思議ではない。本来の姿に戻すのが一番よいやり方なのだが、本や雑誌や医者が発する警告には危なっかしいものが多い。「スポーツにケガはつきもの」「ケガは遅かれ早かれ起きるもの」「ケガをしてから対処すればいい」と思っている人が多いのである。

　数えきれないほどのランナーを指導して得た結論は、「ランニングで体を損ねることはない」ということだ。繰り返して言うが、ランニングで体を損ねるはずがない。損ねるのは走り方に問題があるからだ。

　42歳のアドリアーネは、あちこちでハードなトレーニングをしてよい状態に調整しようとするのだが、その後ケガをして2～3週間休み、またトレーニングを始める。マラソンの記録を伸ばすためには、スピードとハードなトレーニングを絶えず行うのが正しいやり方だと思っていたのだ。しかし、トレーニングスケジュールをこなすのに追われ、ケガやプレッシャーのために進歩しなかった。私の教室に来て、ランニング中にリラックスする方法を学び、そしてもっと大切な、人生においてリラックスする方法を学んだ。駆り立てられるランナーであっただけでなく、駆り立てられる人間であったことを悟ったのである。いまでは体のどこにも力みがなくなって、ケガをしなくなり、トレーニングのレベルも着実に向上している。

　59歳のランナー、ジェリーが初めて教室に来たのは、ランニングを諦めようとしていたときだった。走歴40年のベテランで、膝を手術してからは走れば古傷が痛むので、再手術が必要だと思っていた。このままランニングを続ければ、膝がダメになって生涯痛みに悩まされるのではないかと恐れていたのだ。それから2年経ったいまでは週1回1時間半の坂道走を入れた定期的なランニングを行っていて、まだまだこれからも楽しく走りたいと思っているという。最近の手紙の一節に、「地方のレースで年代別1位になり、鳥肌が立ちました。手術前でさえ夢にも思わなかったことです」とあった。

　35歳のビギナー、カルメンは自分の運動能力に不安を抱いていた。教室

で3回レッスンを受けたのだが、その後電話で話す機会があって、「すっかり人生が変わりました。生まれて初めてスポーツが好きになりました」と話してくれた。

「＜気＞ランニング」と「パワーランニング」

現在の走法の手本は筋肉を強くすることが基本になっていて、次の3つの原理に基づいている。

①速く走りたいなら、脚の筋肉を強くする必要がある。
②長い距離を走りたいなら、脚の筋肉を強くする必要がある。
③ケガを防ぎ回復させたいなら、脚の筋肉を強くする必要がある。

成し遂げられるかどうかは筋肉次第、何が起ころうとすべて筋肉のせいにしている。こうした強化トレーニングの問題点はケガの根本的原因がフォームやバランスを欠いた体の動きにあるのに、それを追究していないことだ。たいていのランナーはより長くより速く走りたいと思うはずだが、フォームが悪ければ、距離を伸ばしてもいたずらに不適切な走りをしているだけであり、ケガの確率も高くなる。不適切なフォームでスピードを上げて走れば、生体力学的に拙劣な習癖をさらに増やすことになり、ケガの原因になる。それゆえ、リラックスした滑らかで効率的な動きになるようにすることが最良の基礎づくりになるのだ。それができれば、ケガの心配をせずに長い距離を速く走れるようになるはずである。

いわゆる「パワーランニング」は、強い筋肉をつくって脚の力で体を前に進める走法であり、ケガの恐れがある。これに代わるものとして本書で取りあげる走法は歴史の古い太極拳の原理を応用したものであり、＜気＞（生命エネルギー）の働きで走るものである。筋肉と関節をリラックスさせ、重力を利用して体を前に進める走法であり、子どもの頃のような自然な動きに戻るものである。脚の力に頼らず、重力を利用する走法なので効率よくラクに走れる。無理のない自然な動きなのでケガの恐れは少ない。＜気＞の働きで走るこの走法を「＜気＞ランニング」と呼ぶことにする。

自分は強いランナーだと思ったことはない。子どもの頃は走るのが好き

だったが、高校時代は走るのをしり込みするようになった。実を言うと、陸上部員のほとんどが100mを11秒台、400mを1分以内で走るので恐れをなしたのだ。コーチが選ぶのは市内の高校生3,600人の中の粒よりなので、そのなかに入る可能性はないと思った。だからスキー部に入りパーティーを楽しんだ。

20代の初期にランニングを始め、定期的に走り出したのは1971年、軍隊に徴兵されたときだった。基地の周りをラクなペースで走ることは体をリラックスさせ、気持ちを落ち着かせるのに役立った。"体の健康のため"以上のものにスポーツを利用したのは初めてだった。ランニングにかこつけて兵舎を抜け出し、探検して回った。アメリカ人としての18ヵ月の務めを終えて名誉の除隊を与えられる前に、大好きな気晴らしを見つけていたのである。

1991年になって、自分の体の潜在能力を調べる手段として、だんだん長い距離を走るようになり、ウルトラマラソン（50km以上の長距離レース）へと進む。1995年、コロラド州ボルダーの80kmが初レース。以来、34回ウルトラマラソンを完走し、年代別優勝が14回、ほとんどすべて3位以内。走ったレースは50km、80km、100km、160km。2002年、初マラソン（ビッグサー国際マラソン大会——美しい海岸線を走る高低差160mの難コース）を3時間4分で走り年代別優勝。きつい高低差を考慮すれば満足できる記録だった。

誤解されては困るが、「＜気＞ランニング」はウルトラランニング（50km以上の長距離ランニング）のためのものではない。ウルトラランニングを選んだのは自分の体を知るためであり、誰にでも勧めるつもりはない。その気になれば、この走法で長い距離をラクに走れるのは確かだが、それよりもっと大事な点は、この走法によって筋力ではなく精神力とリラックスで体を前に進められるようになることだ。それに関しては、第6章に「フォーム、距離、スピード」の原理について述べていて、まず正しいフォームの基礎をつくることを第一にしている。基礎がしっかりしてくると、より長い距離を走れるようになる。スピードは、日頃から正しいフォームで長い距離を走ることによってついてくるものであり、筋肉を強くすることだけで得られるので

はない。

　ウルトラマラソンを始めたときはとても苦しかったが、途中で苦痛に襲われると前向きに考え、「これを乗り切れば、もう苦しむことはない」と自分を奮い立たせた。トレーニング中、30kmほどのところで膝が痛み出すこともあったが、決して体のせいにはしなかった。フォームのどんな点が膝を痛める原因になっているのか、常に考えることにした。これはフォームを正す問題だと考え、試行錯誤で取り組んできた。

　1997年、太極拳の朱西林先生に出会って、まったく新しい分野に開眼した。体の中心から動かして、腕や脚をそれについていかせる動きを見せてもらったのだ。ラクな動きの中に力強さが感じられた。とてもひきつけられる動きだったので、これをランニングに応用できるのではないかと思った。

　太極拳は動物の動きの研究にその起源があるという。＜気＞は生命エネルギーとも呼ばれ、人間を生かしてくれるエネルギーであり、体の中を流れていると言われている。精神を集中しリラックスさせれば、太極拳の動きを通してこのエネルギーを感じることができるという。＜気＞は計測できないし、科学的な裏づけがないので、西洋医学ではこの概念が重んじられていない。

　最近のスポーツトレーニングはインナーマッスルを使う傾向にあるが、三千年前から発展してきた中国の知恵の表面をかじり始めたばかりにすぎない。太極拳の教えのひとつに従って、背筋から動かせば体の中心から動くことができる。自然を観察すれば、樹の強さは幹にあって枝葉にあるのではない。人間の体も同じはずである。体の主要部分を体幹と呼ぶのもうなずける。

　地上で最も速い動物、チーターの動きを見ると、トラのような力強い脚ではない。猟犬グレーハウンドのようなほっそりした脚をしている。それなのになぜ速いのか？　秘密は背骨だ。そこには＜気＞エネルギーが集中している。チーターの走りを見れば、脚ではなく背骨にパワーの源があるのがわかるはずだ。

　背骨の＜気＞エネルギーからパワーを得るためには、脚をリラックスさせる必要がある。「背筋を伸ばし、他のところはリラックスさせ、水が管を流

れるように＜気＞を流せ」は朱先生の口癖。これをランニングに応用できるのではないか、とアイディアがひらめいた。

　体の中心から動かし、脚をそれについていかせる動きはわかってきた。だが、ランニング中に腕や脚をリラックスさせるのが難しく、肩と腰部をリラックスさせることも次の問題として残った。だが、いったんリラックスに熟達すると、体の抵抗がなくなって、背骨にパワーがみなぎるのを感じた。これまでになく滑らかにラクに走れるようになり、まるでベルトコンベア上をすいすい滑っていくような感じになった。テクニックが上達するにつれて、ますます滑らかに効率よく走れるようになり、以前のような懸命に走る感じがだんだんなくなってきた。呼吸がラクになり、筋肉の痛みもなく、気持ちよく走り終えられるようになった。50km走に出かけ、大した疲れもなく帰ってきてうきうきした気分になる。「走った後の回復」は日数ではなく、時間の単位になった。何か自信めいたものがわいてきた。1998年に新しい走りを始めて以来、コーチとトレーニングとレースというハードなスケジュールにもかかわらず、まったく故障知らずできている。

　1999年にボルダーからサンフランシスコに移ることになり、朱先生との別れを残念に思った。移ってからまず、ゴールデンゲートパークを走り、太極拳の先生を探して回る。小グループで行っているのを毎日たくさん見かけたが、そのなかで徐谷鳴先生はいつも生徒が1人だけだった。手足を動かしてさまざまなポーズをとっている。いままで見たこともないやり方で生徒を親切に指導している。同じ場所で何度も見かけた後、弟子入りを頼むことにした。自己紹介してから、「太極拳を学んだことはあるのですが、ランニングに応用するにはどうすればよいか、学びたいのです」と頼んだ。先生の顔が輝く。「私には持論があって、どんなスポーツにも太極拳の原理を応用できると思っています。3ヵ月後にここに来てください」

　言ったのはそれだけ。名前も電話番号も告げずに、「3ヵ月後に来なさい」だけだった。何も言えなかった。90日待って、同じ場所に行き、先生を見つけた。私を覚えていてくれて、「よし、明日から始めよう」と応じてくれた。徐谷鳴先生は国際的に知られた太極拳の師匠で、世界各地でセミナーを開き、中国のほとんどすべての武術の師匠のビデオを幅広く監修しているこ

とを知る。その日以来、私の走りは徐先生から大きな影響を受けてさらに進化し、これを「〈気〉ランニング」と名づけることになる。先生に会う前に発見していたものすべてを確かめ、明らかにしてもらっただけでなく、太極拳の原理と私の走りを合成する手助けをしてもらったのである。

　私はいつも興味をもって人が走る姿を観察する。それぞれがさまざまな体型、さまざまな走り方をしていて、その多様さに驚く。どんな走り方をしているかを本当に知るには、その顔を見ればわかる。子どもが走っているのを見れば、普通はみんな笑顔だ。それなのに大人はたいていが不快そうな顔から恐ろしい顔までの間のどこかに入る。ランニングに罪はないのに、多くの人が残す印象は楽しんでいるとは言えない顔だ。スマイルはどこに行ったのだろう？

　そこで、これまでの体の動かし方を見直すことが必要になってくると思う。たいていの人は走り方を教わったことがない。歩けるようになれば、すぐ走れるようになるから当然のことなのだが。フィットネスクラブ、ジム、生涯学習の内容を見れば、ランニング以外のあらゆるスポーツ教室が見つかるはずだ。そのことが主な理由で、フルタイムのコーチとしてランニングを指導することになる。ランニング教室に太極拳の精神集中を取り入れることによって、生徒の走り方や表情が劇的に変わることがわかってきた。「〈気〉ランニング」テクニックを一般の人たちに紹介して以来、たくさんの人たちにスマイルがよみがえるのを見た。

　太極拳の師から学んだことだが、人は成長の過程で子どもの頃の美しい自然な動きを失ってしまう。子どもの動きは自然であり意識しているのではない。大人としては、子どもの頃のような自然な動きを意識的に習得する必要がある。意識して行動し道理を悟ることによって、自分の体を自由に扱えるようになるのだ。「〈気〉ランニング」テクニックを習得すれば、自分の体との結びつきを感知し、パワーを感じて走ることができるようになるはずである。

　いまでも自分自身を特に優れたランナーだとは思っていない。私は能力や体力に頼るのではなく、まったくといっていいほど精神集中とテクニックに頼って走っているのだ。「〈気〉ランニング」は熟達したランナーのための

ものではなく、いい走りをしたい人のためのものである。「＜気＞ランニング」は、体に聞いてフォームを修正しながら、いい走り方を学ぶもの。体、動き、動いた結果を感知する方法を学び、していることや感じることから何かをつかむ方法を学ぶもの。ランニングを通じて、さまざまな面で自分自身を発見する方法を学ぶもの、である。

　本書は、フォームを改良してケガをなくしたい人、いいトレーニングをして上達したい人、年を重ねても走りたい人のための本である。また、健康と幸せを求める人、集中力を身につけランニングと人生を大切にしたい人のための本である。

【本書の使い方】

　次の第１章に進めば解決の手がかりが示されるのではないかと期待する向きには時間をいただきたい。第４章までは「＜気＞ランニング」テクニックの説明はしない。待ち遠しいと思われるかもしれないが、それには理由がある。いい走りをするための方法を述べるだけではなく、ランニングから人生に役立つものが得られるチャンスも提供したいからだ。背景と原理を知ることによって、この走法の理解が深まるからである。初めの３章では、もっぱら自然法則に学ぶ基礎的な考え方を述べている。だからテクニックの細かい内容に入ったとき、すべてを会得していただけるはずである。

　第１章では、現存の手本「パワーランニング」と評判の新入り「＜気＞ランニング」を比較する。

　第２章では、「＜気＞ランニング」の基礎になっている５つの原理、あるいは自然法則について述べる。自然法則に従った動きをすれば、自然が優しく背中を押してくれるはずである。

　第３章では、「＜気＞ランニング」スキルと呼ぶ精神面にまでかかわるスキルについて述べる。心と体に関する４つのスキルを習得すれば、まったく新しい走りに変わるはずだ。

　第４章では、ケガの心配なく滑らかに効率よく走るための方法について、心と体の両面から述べる。

第5章から第8章にかけて、トレーニングに「＜気＞ランニング」テクニックを取り入れる方法について述べる。
　第9章では、「＜気＞ランニング」の原理を日常生活の中で役立てる方法について述べる。
　まず、本書を通読することをお勧めする。それから、大事なところやはっきりしなかった部分を再読し、気に入った箇所に見やすいラベルを貼るなどしてほしい。練習法、大事な箇所、秘訣などに目印があれば、走りに行こうとするときに利用しやすいと思う。
　繰り返し練習することによって、心と体がベストの状態になる。それゆえ、本書を何度も読み返し、少なくとも年1回はプロセスと用語をたどって、心と体の記憶を新たにしてほしい。時間をかければ習得が進み、より速く走れるようになるはずである。
　普通のランナーなら1〜3ヵ月で「＜気＞ランニング」の基礎的なテクニックを身につけられるはずだ。そうしたうえで規則的にトレーニングを積んでいけば、習得が進んでしかるべきものが得られ、ひいては人生に対する考え方や行動にも影響を及ぼすことになるはずである。

CHAPTER 1

「〈気〉ランニング」とは
―― 〈気〉の働きで走るランニング革命

　目の前を走って行くエミリーを見て、「なんと美しいフォームだろう」とみんなが異口同音に感嘆の声をあげた。軽やかに飛ぶようにトラックを走って、ほとんど足音がしない。この世のものとは思えない光景だった。このエミリーの走りがランニング教室全員のモデルになった。エミリーは３歳。その日、両親がランニングの講習でトラックに来ていたのだ。
　子どもの走りは自然だ。友だちと鬼ごっこに夢中になって、自然に体が動いている。走ろうと思っているのではない。鬼ごっこが面白くて楽しんで走り回っている。無駄な動きがないので、ケガの恐れはほとんどない。痛めやすい部位である関節や筋肉にあまり負担がかかっていない。どうすればこのような走りができるのだろうか？
　2002年ソルトレイクシティー・オリンピックの女子フィギュアスケート金メダリスト、サラ・ヒューズ（米）は、「金メダルのことは考えず、全力を尽くして楽しい時間にすることでした……。ベストのスケートがしたかっただけです」と言っている。彼女がどれほどスケーティングを楽しんでいたか、見ていてよくわかった。結果にとらわれずにスケーティングを楽しもうと思ったからこそ、リンクで自分を目いっぱい表現することができて、見ている人を魅了したのだ。一方、世界チャンピオン５回のミシェル・クワン（米）は、リンクに行こうとしたところをカメラに撮られた。顔にのぞかせた不安が国の威信をかけた金メダルのプレッシャーを表していた。リラックスして楽しむどころではない様子で、彼女に同情を覚えた。緊張し、体の動

きが堅くてベストの表現ができず、実力以下の演技になって銅メダルに終わった。

　あえて言いたい。ほとんどの人が小学生の頃は力みのない走りをしていたはずだ。だが、あのすばらしい伸び伸びとした感じをなくしてしまった大人は、ミシェルのように力んでベストの力を発揮できないことが多い。昔に戻って伸び伸びとした感じを楽しむためには、リラックスした動きを意識的に体に教え込んで、子どもの頃のように自然で無駄のない動きができるようにすることだ。

　リラックス習得の手立てのひとつは、きつさを感じずに走れるペースのつかみ方を知ることである。まずまずの体型の平均的ランナー、ジョーンについて触れながら説明していこう。彼女は早朝ランニングに出かけ、キロ5分40秒のペースで7〜8km走る。それを何週間か続けていたので、そのペースでの体の感じははっきりわかっていた。気持ちのよいラクなペースだった。ある夜、パーティーに行き、ビールを2〜3杯飲んでからロックンロールを踊る。翌朝、疲れた体を引きずってベッドを出て、同じペースで走る隣人の男性と一緒に走った。走っていて少しきつい感じがしたので、ペースを聞くと、「きっちりキロ5分40秒だ」と隣人は答えた。その間、遅れないようにがんばって走っている感じだった。脚が疲れ、呼吸が荒くなり、あとどれだけ続けられるかわからなくなる。ペースはまったく同じなのに、前日より非常にきつく感じられるのだ。

　エネルギー切れにならないよう気をつけるのは、「〈気〉ランニング」において大事なことだ。そのために次の3つのことを行うようにする。よい姿勢を保つこと、関節を柔らかくすること、筋肉をリラックスさせて緊張をほぐすこと。そうすれば、いつまでも走り続けられそうな、きつさを感じないペースで走ることができるはずだ。ランニングフォームが効率的になると、ラクなペースでより速くより長く走れるようになる。フォームがよければケガをするわけがないし、気持ちよく感じられるはずである。だから走りを楽しめないはずがない。走力が向上するにつれ、喜びがわいてくる。喜びが増すにつれ、走力がさらに向上する。

　「〈気〉ランニング」テクニックは、生体力学的に正しいフォームとリ

ラックスを結合させたものなので、これまでの走り方をすっかり変えることになるはずだ。本書を活用すれば、気持ちを集中して正しい動きをするトレーニングができて、ラクに走れるようになるだろう。

◆ 練習の一例——きつさの違いを感じる

　脚の筋肉を多く使って脚を動かす運動（きつい）と、インナーマッスルを使う運動（ラク）との違いを感じる練習である（注：インナーマッスルは体の奥のほうにあり、姿勢の維持や安定に役立つ筋肉の総称で、なかでもランナーにとって重要なのは腸腰筋と呼ばれる筋肉である）。

- ・本書を置き、背筋を伸ばしてまっすぐ立つ。
- ・その場で10秒間、足を上げて足踏みする。
- ・10秒その場歩きをしてから、腰を曲げて（お辞儀をするように）、10秒その場で歩く。
- ・体をまっすぐに戻して、その場で2～3秒歩く。

　腰を曲げて歩く感じは？　まっすぐ立って歩く感じは？　どちらがラク？
　まっすぐに立ってその場歩きをするときは腸腰筋が作用し、ゴムで足を引っ張り上げるような働きをする。腸腰筋は人間の体の中で最も強い筋肉に属しているため、足を上げる動きは大きい筋肉で小さい仕事をしていることになる。だからラクに感じられるのである。腰を曲げると腸腰筋が作用しにくくなり、大腿四頭筋を使って足を上げることになる。だからきつく感じる。体をまっすぐに戻すと腸腰筋が作用して、足上げがラクな感じに戻る。この練習で、腰を曲げて足踏みするより、まっすぐ立って足を上げるほうがラクなことがわかるはずだ。この練習の目的は、まっすぐ背筋を伸ばしていないと、いかに脚に負担がかかるかを理解してもらうことである（第4章ではよい姿勢を保って前傾し、きつさを感じないで走る方法について述べる）。
　次に、ラクな走り方について述べる前に、いったいなぜ人は走りたくなるのか、その理由について述べていくことにする。

ランニングから得られるもの

　狂気の沙汰と思われるかもしれないが、私はランニングが大好きだ。スピリットを高める必要があるとき、いつもそばにいる旧友のようなものだ。塞ぎ込んでいたり、いらだったりしていても、いったん外に出れば世界が開けてくる。友だちを誘って一緒に走ることも、新しいコースを探検することも、朝の峡谷や滝の眺めを楽しむこともできる。年間を通して走れば、四季折々の変化を楽しむこともできる。そのうえ、心臓が丈夫になり、骨密度が増え、カロリーを消費し、有酸素運動になる。悪くない習慣だ。

　費用がかからず、用具も少なくて済む。いつでもどこでも走れる。気持ちを明るくして健全な見方で人生の問題を処するのに、ランニングほどいいものはない。新しい街を訪れて走れば、その地の様子を郊外まで広く知って親しみを抱くことができる。私が気に入っているのは、食べすぎたり飲みすぎたりした体をきれいにできることだ。

　また、ランニングによって、辛抱強さ、堅実さ、意思の強さなどが得られ、これからの生き方を変えることができる。しっかりとランニングを継続することによって、目標を立てて前に向かい、計画的に物事を進め、つまずきを教訓にする、などを学ぶことになる。実際、ランニングを通じて学ぶもので人生に役立たないものはない。ランニングから人生そのものを学ぶことができるのだ。

なぜ、ケガをするのか

　ランニングからよいものがたくさん得られるが、体を損ねる危険もはらんでいる。膝、すね、腰、背中などを痛める恐れがある。脚を損ねるだけでなく、視力さえ損ねる恐れがある（振動や衝撃が原因）と言われている。ランニングにケガはつきものだと信じ込まされてきたのだ。その神話を鎮めたいと思う。

　ケガの主な原因は、フォームが悪くて生体力学的に拙劣な動きをすることにある。本来ランニングは自然な動きである。生体力学的に拙劣であれば、

動きが不自然になって筋肉や関節、靭帯などに過度の負担がかかり、ケガをしやすくなる。最も一般的なランニング論によれば、ケガの主な原因はオーバートレーニングだと言われている。とりわけ結果重視のトレーニングがもたらしていることだが、これもまた神話だと思う。フォームが悪ければ、走る距離に関係なくケガをする恐れがある。1km走っただけでシンスプリント障害を起こした人を知っている。生体力学的に欠陥があれば、いずれ痛みを生じることになる。欠陥がわずかであっても長い距離を走っていると、いずれ体を損ねることになる。生体力学的に動きのよいランニングフォームに改良すれば、距離やスピードに関係なくケガの確率は低くなる。

35歳のポールは平均的なランナーで、フルマラソン完走にチャレンジしたいと思っていた。走るたびに最初の2kmあたりからすねが痛み始め、ついには足を引きずるようになるため、せいぜい10km走るのがやっとだった。12月のホノルルマラソンを目指して、7月にランニング教室にやってきた。「＜気＞ランニング」テクニックを身につけると、すねの痛みが軽くなり、次第に長い距離を走れるようになってきた。数ヵ月間、ランニングフォーム改良に集中して取り組んだ結果、シンスプリント障害もなく初マラソンを3時間37分で完走できた。「フォーム改良前はフルマラソンを完走できるとは思っていなかった」と話してくれ、「この次はボストンマラソンを走ろう」と思うまでになった。

このように、ほとんどのケガは現在多くのランナーの手本になっている走法のせいだと思う。ここではその走法を「パワーランニング」と呼ぶことにする。

「パワーランニング」──苦しまずして前進なし

「パワーランニング」は、テクニックと考え方の両面から説明することができる。両面とも西洋のスポーツや思想に広く浸透している姿勢、「苦しまずして前進なし」を反映している。「パワーランニング」はもちろん大きな成果をあげているが、結果として高くついている。毎年ケガに悩む1,500万人以上のアメリカ人のことを思い、そんなことにならなくて済むのにと思う。

●——「パワーランニング」の走法

　「パワーランニング」で広く行われているやり方は、脚を強くして速く長く走れるようにすることである。規則的な脚の強化トレーニングを重視して、いい走りとケガ防止をねらう。トレーニングの点から見れば、筋肉強化は体に負担がかかり、50歳を過ぎた人には難しい。また、脚の筋肉に頼る走り方は強化トレーニングに手間がかかるし、ケガをしやすい。そのうえ、エネルギーを消費し、乳酸がたまり、走った後の回復に時間がかかる。特に、レースやハードなトレーニングの後はひどい。考えただけでも疲れてしまう。

　強いランナーになるために、ふくらはぎ、大腿四頭筋、臀筋を鋼のように強くする強化プランは山ほどある。時間をかけてトレーニングして脚を強くし、いい走りをするようけしかけているのだ。

　デンマークのランナーとケニアのランナーの違いを比較したデンマークの調査記事を雑誌で読んだ。そこには「デンマーク人に比べ、ケニアのエリートランナーもケニアの普通の少年も、すばらしく効率のよい走りをすることがわかった。ケニア人の脚はほっそりしているから、走るとき脚力をあまり使わないためだろう」とあった。

　これは部分的には正しい。ケニア人は脚力をあまり使わずに走るが、それは脚がほっそりしているからではない。すばらしく効率のよい走り方をするからこそ、脚がほっそりしているのだ。とても効率がよいからこそ、大きな筋肉はいらないのだ。そのほっそりした脚で、10kmからマラソンまでのどの種目でもケニア人が優勝している。しかし「パワーランニング」の手本に従えば、速く走るためには強い脚の筋肉を要することになり、話のつじつまが合わないことになる。ケニア人がレースに勝ったのはテクニックだと言いたい。そのテクニックは「＜気＞ランニング」の特徴と共通する点が多い——例を2つあげれば、前傾と着地である。ケニアのランナーは美しい前傾姿勢で走るので重力に引っ張られて前に進み、足の真ん中で着地するのでかかと着地のブレーキがかからない。かかと着地は他国のほとんどのランナーに共通する走り方である。

　「パワーランニング」はランナーに不利になると言えるだろう。なぜな

ら、生体力学的に拙劣な動きがケガの真の原因なのに、その問題に取り組まないからだ。また、ケガを防ぎ回復を早めるための対策として、強い筋肉をつくることに重点を置いているからだ。事実、筋肉強化が役に立つ場合も多い。しかし真の原因を直さない限り、また同じケガをする可能性があることを忘れてはならない。

　例えばシンスプリント障害が起きたとすれば、休んだ後、かかと歩きですねの筋肉を強化することはできる。しかしこの原因となったフォームを変えずに走れば、いずれ筋肉が疲弊して、再び障害を起こすことになる。「〈気〉ランニング」テクニックでは、つま先で蹴る（シンスプリント障害の主な原因となる）ことはしないので、すねの筋肉はほとんど使わない。そのため、シンスプリント障害は大して問題にならないし、筋肉を強化する必要もないのである。

● ──「パワーランニング」の考え方

　「パワーランニング」は結果を重視する考え方であるため、オーバートレーニングの原因になっている。速く長く走るべきだという考えが先に立っているため、各人の体の実状に基づいてトレーニングしているとは限らないからだ。

　これでは失意の元になるだけでなく、ケガの原因になる。オーバートレーニングは、現状の能力レベルを超えたトレーニングと定義できる。ビギナーの場合、トレーニング書の勧めに従い、週に３日、３km走れば、オーバートレーニング予備軍になる。

　このように自分の能力以上に駆り立てられているのだとしたら、その原因は外的なものであることが多い。ランニング誌の激励記事がきっかけになったり、テレビですばらしい選手を見て刺激されたりする。あるいは、仲間からプレッシャーを受けたり、仲間とスピードを競ったりする。このような外からのモチベーションはたくさんあるが、実際に物事を進めていって成功に導くのは内面からのモチベーションである。きっかけは外からの刺激であっても、内面から生じるモチベーションを大事にしたいものである。

　「パワーランニング」の考え方は「大きいことはいいことだ」「勝者が生き残

る」「苦しまずして前進なし」など、しきりに駆り立てるフレーズで表される。

　目にするランナーのほとんどがパワーランニング（ケニア人は別）である。それは何十年もの間、中学から大学までのどのレベルのランニングコーチも、この走法を指導してきたことの現れである。アメリカのランナーのうち65％もの人がケガをしていること、ケニア人の驚くべき成功のことを考え合わせると、取り組み方に何か重大な間違いがあると思わざるを得ない。走法の手本を変える必要があり、その代わりとなるのが「＜気＞ランニング」である。

「＜気＞ランニング」と＜気＞

　同分野の仲間を超えて、人並みはずれて鋭い動きをする人を見かける。至難な技を子どもの遊びのようにやすやすとやってのける。こうした高度のスキルは、本人が気づいていなくても＜気＞の働きによるものと考えられる。

　美しいフォームでプレーする高度のスキルをもつ運動選手の場合、超人的な動きができるレベルに達していて、試合中にどうすべきか考える必要などなく、心の動きに体が自然についていく。集中すれば＜気＞が働いて、疑念、不安、緊張、恐れ、気負いなどに邪魔されることなく、必要な動きが自然にできるのだろう。

　毎週、徐先生から太極拳のレッスンを受けると、筋肉より＜気＞の力がどれほど強いか、その見本を次から次に示してもらえる。ことさら何もしていないようなのに、何度も何度も軽々と私を投げ飛ばす。投げるとき、先生の筋肉は緊張していない。体をちょっと動かすだけで、たまたま私が腕の中に入ったかのように投げ飛ばす。汗をかいたことも呼吸が荒くなったこともない。先生は「＜気＞の働きだ」と言い、それから言葉を添える。「姿勢を正せば＜気＞が流れる。精神を集中し……体をリラックスさせること。筋肉を使おうとするな。＜気＞を意識せよ」

　＜気＞は生命エネルギーとも言われ、人間を生かしてくれるエネルギーであり、体の中を循環していると言われている。気持ちを集中し全身をリラックスさせれば、＜気＞の流れがよくなり活力が得られるという。集中すれば

心が落ち着き、心と体が一体になる。＜気＞は目に見えない計測できない力であり、その効果だけで認知できるものである。

太極拳のルーツは、道教の思想のひとつ「内気導引」にあると言われる。これは「心を空にして丹田（へそ下にある＜気＞を蓄えると言われるところ）に＜気＞を集中させ、背筋を伸ばして全身をリラックスさせること」と説明されている。

● ──「＜気＞ランニング」とその考え方

ランニングに最適のコンディションであって、しかも「＜気＞ランニング」の基礎になるものを列記してみよう。
・よい姿勢
・リラックスした手足
・動きやすい関節
・使われているインナーマッスル
・集中している精神状態
・よい呼吸法

次に、「＜気＞ランニング」によって得られるものを列記してみよう。
・姿勢がよくなる
・手足がリラックスできる
・関節が動きやすくなる
・インナーマッスルを使った動きができる
・精神集中ができる
・活力が増す

ご覧のとおり、プロセスがゴールになっている（ランニングの過程で目標が達成されている）。「＜気＞ランニング」から得られるものは多い。ただし留意すべきは、体全体がかかわる走法であり、それぞれの要素が他の要素を支え合って全体の動きをよくしていることである。しかし、いますぐ、すべての要素に熟達する必要はない。姿勢の正し方を１時間学んだだけで大きな成果をあげた生徒がいた。どの要素も走りをよくするものであり、すべての要素が一緒に働けば"鬼に金棒"で、走りを変えるのに足りないものはない。

前記のどの項目を見ても、ケガの可能性を想像するのは難しい。これら基礎になるものはどれをとってもケガの恐れはない。やりすぎるのは不可能に近いし、否定的な面はない。

　「＜気＞ランニング」を習得すると、脚の筋肉に頼る度合いが劇的に減少するはずだ。重力で前へ引っ張られることになるので、スピードは前進させる力ではなく、リラックスの度合いにかかわってくるはずだ。これは「賢い走り」とも言える。

　私の場合、長々と時間をかけて筋肉づくりをする気はないし、筋肉増強のタンパク質飲料は飲まず、筋肉痛用の抗炎症剤は使わない。その代わりに、精神を働かせることにしている。

　「＜気＞ランニング」の考え方として、外部のことにとらわれず、自分の内面に集中し耳を澄ますことを勧めている。心と体のコミュニケーションを絶え間なく行いながら走ることが基本なので、プロセスがゴールになる。体が先生であり、生徒でもある。注意深く耳を澄ませば、何ができて何ができないかわかる。それがわかれば、新たなスキルを体に教え、覚え込ませることができる。その場その瞬間の体の状態を感知できれば、それに応じてその場で対処できる。これを「体で感知」と呼ぶことにし、そのスキルについては第3章で述べる。「＜気＞ランニング」では、自分が自分の体の師になり、一番よいコーチになるのである。

　「＜気＞ランニング」の考え方は、心と体がダンスをする——楽しそうに協力し合って踊るタンゴに見立てることができる。パートナー相互の会話が絶え間なく行われ、その場その瞬間のベストコンディションをつくって、調和のとれた動きをするように。

●——「＜気＞ランニング」と物理法則

　太極拳に反映されている自然法則を学ぶことも好きだが、私は実務家でもある。1999年、NASAの科学者グループにランニングの指導をしたとき、「＜気＞ランニング」の科学的な面について議論した。そして、この走法が物理法則に裏づけられていることを確認した。科学者のひとりは「科学的裏づけがなかったら、この走り方はしなかったでしょう。科学者として十分納

得できます」と話してくれた。体の動きが物理法則から外れると、効率が悪くなり、エネルギー消費が増え、疲れがひどくなり、故障しやすくなる。

「＜気＞ランニング」では、多くのランナーを苦しめている悪いクセを直すのに物理法則を応用している。応用していないのは次の例だ。多くのランニングコーチが言うことに従い、体を垂直にして走れば、電信柱のようになって重力の方向が真下になる。体を前に動かすためには、誰かに押してもらうか、自分で脚筋を使って動かすという2つの方法がある。第3の方法としては、「＜気＞ランニング」で用いるように体を前に傾ける方法である。前傾すれば重力で体が前方へ引っ張られるので、脚筋を使って前へ進める必要はほとんどなくなる。

物理法則を応用するもう1つの例は、腕振りである。腕は肩からぶら下がった振り子になぞらえることができる。振り子の原理によれば、振り子の動きは長さに応じ、長ければゆっくりと、短ければ速く動く。手を下げて走ると、振り子（腕）が長くなり、腕が振りにくくなる。肘を曲げて走れば、振り子が短くなって速く振れる。脚にも同じ原理があてはまる。だから、肘を曲げ膝を曲げれば、腕振りと脚の運びが速く、しかもラクにできるようになる。

「＜気＞ランニング」は、物理法則を応用して最小の努力で最大の成果を得る走法であるため、ランニング中にエネルギーを使い果たさなくて済み、余力が生かせることになる。

● ── 発見して進歩

「＜気＞ランニング」のコーチとしての喜びのひとつは、いままで考えたこともなかった走り方を体験した受講者の姿を見ることだ。何度も何度も「とても気持ちよく走れる」と真の驚きの声をあげる人がいる。「もう二度と走れない」と言っていた人から自信のないビギナーやレースの記録が伸びた人に至るまで、「＜気＞ランニング」は驚くべき成果をあげている。

その理由は、すべて自然法則の中で動くことが基本原理になっているからである。体に聞いて教えてもらえば、乱れず、無理をせず、あるべき姿で前に進む。結局、この走法は潜在能力を自ら見つけ出して自然に伸ばすことを基本にして、心と体の関係をより密接にしながら進歩させていくものだと言える。

「＜気＞ランニング」は、外部から駆り立てられるのではなく内面のモチベーションで走る世界へとあなたをいざなうだろう。スピードや距離を伸ばすことが第一ではなく、まず理にかなった効率的なランニングフォームに整えることが第一になり、それによって距離が伸びスピードがもたらされることになる。速く走りたい人はスピードや距離を犠牲にする必要はない。まったく逆で、その気になればラクに速く長く走れるようになるし、ケガの心配もなくなる。スピードの鬼でない人は、年齢を問わず、レベルを問わず、自分をほめるアスリートとして楽しむことができる。これからの人生のために自由に楽しく走って、肉体的、精神的、スピリチュアルにランニングから得られるものを大いにエンジョイすることがゴールになる。

表1-1 「＜気＞ランニング」と「パワーランニング」の対比

「＜気＞ランニング」	「パワーランニング」
ケガの確率が低い	ケガの確率が高い
インナーマッスルの強さがベース	腕や脚の筋肉の強さがベース
筋肉をリラックスさせるのが基本	筋肉の強化が基本
物理法則による生体力学的動き	筋肉を使う訓練による生体力学的動き
エネルギー消費小	エネルギー消費大
回復が早い	回復に時間がかかる
筋肉ではなく靱帯と腱に頼る動き	筋肉の力に頼る力強い動き
体への衝撃小	体への衝撃大
関節をルーズにするのでケガに強い	筋肉強化で関節がタイトになり衝撃に弱い
プロセス重視	結果重視
痛みも苦しみもない	苦しまずに得られるものはない

CHAPTER 2

「<気>ランニング」の原理
―― 自然法則の中で動く

　「<気>ランニング」は、<気>(＝生命エネルギー)の働きで走る走法であり、この原理をよりどころにすれば、効率よくラクに走れるようになる。無理のない自然な動きなので、ケガの恐れが少ない。この原理は太極拳の徐先生に負うところ大であり、先生からは体の動かし方を学んだだけでなく、世界の見方にも薫陶を受けた。

　中国では何千年も前に自然の働きについて研究し、原理を明らかにして、『老子』『易経』などの書籍を著し、太極拳のような武術を編み出した。しかし、自然法則を研究したのは中国人だけではない。アインシュタインやニュートンもまた多くの物理法則を定義づけている。

　賢明で知性ある人間が自然の研究を選ぶことに何の不思議もない。自然には実にうまく作用する根本原理があるように思える。あるがままにしておけば、自然の働きがいかにパーフェクトであるかがわかる。自然界の何もかもが秩序正しさをもっていて、調和がとれている。本来の場所から外れたところに動物はいないし、生育に適さないところに植物は生えていない。分子レベルにおいても、すべてに秩序と場所があってバランスが保たれている。

自然法則に従わないとどうなるか

　自然法則に逆らえば、無理な体の動かし方をすることになってひどい目にあうだろう。短期的には体への負担が増え、長期的には何らかの故障が避け

られない。無理をして走ればへとへとになり、いいレースにはなっても翌日は地獄の苦しみになるかもしれない。自然法則に逆らうからには、自然の力以上に自分の体力に頼れる力をつける必要があるのだ。

　自然法則と調和を保ったランニングは可能である。とはいえ、パワーランニングではそうはいかない。アメリカだけでも毎年1,500万人以上のランナーがケガをしているのを警告と受け取るべきだ。『スポーツ障害』誌がランニングを障害の多いスポーツに位置づけていても不思議ではない。

　こんな問題提起もされている。

　①そもそも人は走るべきか？　②もっとよい方法はないのか？

　①に対しては走るべき、が答えである。人の生体機能はランニングに適している。走るようにできているのだ。②に対しては、「＜気＞ランニング」での私自身の体験と何千人もの人をコーチしてきた経験から、よい方法があると言いきれる。

　例えば、川を泳ぐときのことを考えてみよう。上流に向かって泳げばどうなるだろうか？　十分な力があればそれができる。力が足りないなら、がんばって筋肉を鍛えればできるようになるかもしれない。だがどう考えても、流れに逆らって泳ぐのだから大変な労力を要することになる。水中にいる限りは水中の法則に従うことが必要なのだ。一方、自然に逆らわずにラクにさかのぼりたいのであれば、水中から出て別の法則に身をゆだね、川沿いの道を歩いていけば事足りるのである。

●——流れのままに

　自然法則の中で動けばラクな走りになり、パワーランニングと違って体力の消耗は少ない。効率よく走れば、エネルギー消費が少なくて済み、疲れが軽くて済み、走った後の回復に要する時間が少なくて済む。やりすぎることがなければ、筋肉や関節を痛める恐れは少ない。自然法則に従えば、心のもち方の他、あらゆる面でよいことがある。気の向くままにランニングに出かけ、気持ちよくなって帰ってくることもできる。

「＜気＞ランニング」の主な原理

「＜気＞ランニング」の主な原理について述べる。この章では、原理の定義づけに留めるが、第4章では原理を細分化して、集中と練習によって一歩ずつ、滑らかな、効率のよい、美しい動きができるよう手助けをする。

主な原理は次の5つである。

原理1：柔と剛――体の中心に意識を集中―中心から動く

原理2：徐々に進歩――一歩一歩着実に

原理3：中心の強い筋肉（インナーマッスル）を働かせた動きをする

原理4：バランスのとれた動きをする

原理5：うぬぼれは禁物

これらの原理をランニングに取り入れ、練習を積んで熟達していくに従って、体をラクに動かせるのを実感できるようになってくるはずだ。体がランニングのための道具ではなく、ランニングが体のための道具になってくるのである。

原理1　柔と剛――体の中心に意識を集中――中心から動く

「柔と剛」は太極拳の原理のひとつであり、体のすべての動きの基になると考えられている。また、太極拳の動作を行うときに抱くべきフィーリングであるとも言われている。体の中心に＜気＞を集中させると、腕や脚が綿のように柔らかくなり、力みがなくなる。この状態が動きの基になる。

太極拳と同様、「＜気＞ランニング」のすべての動きの起こりは体の中心にある。体の中心は動きの源であり、他の部位の動きの軸になるところだ。太極拳では、中心、すなわち「丹田」はへそ下にある。腕と脚は、骨と靱帯と腱とでうまい具合に中心につながっているので、中心が動けば腕と脚はそれについて動く。中心の動きをよくするためには、中心以外の部位をリラックスさせ、抵抗をなくすことが必要になる。

体の中心から動く走り方を身につけることが「＜気＞ランニング」の大事

な点であり、それができるようになると、脚の力で走る必要がなくなってくる。直感的には逆のようだが、本当にそうなるのだ。徐先生に動き方を教わるとき、丹田に意識を集中し、全身を柔らかくするよう努める。そうすると、中心から動くことができて筋肉を使わずに済み、脚の運びが滑らかな感じになってくるのだ。

中心以外から動く走り方をすると、アンバランスな状態で走ることになり、効率が悪くなる。脚を使って走ると、がんばって脚を動かさなければならない。中心から動く走り方をしないと、腕と脚と体幹が調和のとれた滑らかな動きにならず、ばらばらの動きになってしまい、「まとまり」のないランニングフォームになる。腕と脚を盛んに動かす走り方をしているランナーを多く見かけるが、完全無欠とも言える中心にある強い筋肉を認識していない走りだ。

練習例を1つあげてみよう。姿勢を正してまっすぐに立ち、腰幅に脚を開き、片足を少し後ろに引く。肩をリラックスさせ、腕をだらりと下げる。背骨を垂直軸に見立て、まず一方に回し、次に反対方向に回す。背骨を回すと、腕は背骨の動きに伴って柔らかく振り動かされるはずだ。回しながら背骨をまっすぐ伸ばすことに集中し、背骨の軸をイメージし、肩、腕、手首のリラックスの度合いを感知しよう。腕が背骨の動きについて動いている間、インナーマッスルが作用している一例である。

もう1つ、日中、できるだけ数多く心に思い浮かべてほしい練習を紹介する。頭の頂上から尾骨までの線をイメージしよう。これが中心線になる。立っている間それに集中し続け、忘れられない家族のように、呼吸のように慣れたものにしよう。ことさら何もせずにそれを感知するだけにし、体の一部を占めているのを認知しよう。

・体の中心を見つけよう
・中心を感知しよう
・中心を心の眼で見よう
・精神を集中しよう

原理2　徐々に進歩──一歩一歩着実に

「徐々に進歩する」とは、物事が小から大、少から多へと段階的に増大し、進歩・成長していくという意味である。徐々に進歩させていけば、おのおのの段階で次の段階のための安定した基礎ができることになる。目標にせよ、アイディアにせよ、フィーリングにせよ、生き方にせよ、どんな進歩・成長のプロセスにもこの原理があてはまる。自然レベルの例として、種から成長する樹木があり、細胞分裂・増殖しながら小から大へと成長していく。

もう1つの例はビジネスの起業である。オーナーはアイディアからスタートし、一般大衆に便宜を与えるプランへと発展させる。小さなビジネスから始め、やっていることが正しければビジネスは次第に繁盛していくことになる。

ご推察のとおり、時間が成功の大きな要素になる。多くの人が教室に来て、マラソンを走りたいと言う。まず聞くのが、「いまどれくらいの距離を走っていますか？」。答えが10km以下であれば、次の質問は「何年後に走りたいのですか？」である。ゆっくり時間をかけて距離を伸ばしていけば、マラソンを走るのはさほど難しくはない。トレーニングを積んだのち、私の初レースは80kmレースだった。初レースにしては長すぎるようだが、本当にそうだった。そのために3年半かけてトレーニングをした。16km走から始め、"いける"と感じてから距離を伸ばしていった。ゆっくり時間をかけて長い距離を走れる体をつくっていき、時間をかけることによって、痛みの原因となるフォームの欠点を直すことができた。こうして「80km走ってもさほどきつくはなく、体を損ねることもない」という自信がもてるようになってきたのである。

レースで前述の原理に従わないランナーをたびたび見かける。そろってスタートラインに並び、号砲が鳴ると、彼らはすぐ先にフィニッシュラインがあるかのように飛び出す。ゴールが近づくと、スタートからウサギのように飛び出した見覚えのある連中にいつも追いつくのだが、よろよろ前に向かっている姿は背中を撃たれた西部劇の悪役にちょっと似ている。

失礼をおわびして、もうひとつ例をあげる。1990年代に急成長を遂げた

ドットコム（インターネット関連の新興企業）が新規株式公開したことを思い起こしてみよう。スターティングゲートを飛び出すのが少し早すぎたために、報いを受ける羽目になったのである。

一つひとつの走りであれ、ランニング計画であれ、常に「徐々に進歩」の原理が「＜気＞ランニング」にあてはまる。初めはゆっくり走り、体が適応できるようになってからスピードを上げることが大切だ。ランニング計画においても、最初はあまりスピードを上げず、距離も長くなりすぎないようにして、ケガのないようにするほうがいいのだ。練習中のケガのほとんどが、うぬぼれて筋肉細胞が入れ替わる率を超えたトレーニングを最初からしたことが原因になっている。よい結果を出すためには、「一歩一歩着実に」段階を踏んで進歩させていくことが必要である。スキップすればこの原理を破ることになり、疲れ、痛み、ケガ、いずれかの損害をこうむることになる。一般にランニング故障の60％はオーバートレーニングが原因だが、これは速すぎるか長すぎるか、あるいはスピードまたは距離のグレードアップの急ぎすぎのいずれかによるものだ。あせって計画達成を急ぎすぎ、やりすぎて燃え尽きれば、外に出て走るのさえいやになるかもしれない。第6章では、「徐々に進歩」の原理を幅広く扱うことにする。

ランニングにおいて、この原理を破れば、何らかの形で罰を受けることになる。記録が悪くなるか、脚を痛めるか、回復に時間がかかるか、ケガさえすることになる。人生の活動においても、急ぎすぎると疲労や失望の確率が高くなる。徐々に歩を進め、前段階で学んだことを積み上げて次の段階へ進むようにしたいものである。

「一歩一歩着実に」。それは生き方の原理でもある。

原理3　中心の強い筋肉（インナーマッスル）を働かせた動きをする

次のような練習をやってみよう。立ってその場で10秒走る。次に10秒足踏みをする（その場で歩くように）。再びその場で10秒走ってから、10秒足踏みをする。これを少し続けてから本書に戻ろう。

2時間やるとしたら次のどちらがラクか、答えていただきたい。

①足踏みをする
②その場で走る

　答えが①ならば、クラスの先頭に立てる。答えが②ならば、2時間続けてやってみよう。

　ビギナー向けの講習で必ずこの練習を取りあげ、終わってから上記の質問をすることにしている。約3,000人のランナーのうち、少数の人がその場で2時間走るほうを選び、2,997人が一致して足踏みを選んだ。理由はそのほうがラクに感じられたからだった。

　この練習で起きたことについて考えてみよう。その場で走るとき、最後に地面を離れるのは足の拇指球である。拇指球でまっすぐに立つと、ふくらはぎが強張るのに気づくだろう。その場で走るときに、ふくらはぎ（大腿四頭筋に比べ小さい筋肉）で体を空中に押し上げている。いかにもハードだ。もし実際に2時間もこのようにその場走りをするとしたら、とてもきつくてやり遂げることはできないだろうし、間違いなく重いシンスプリント障害を起こすことだろう。

　一方、足踏みの場合は、インナーマッスルを使った動きになっている。インナーマッスルは人体の中で最も強い筋肉であり、足を持ち上げる働きをする。つまり強大な筋肉で小さな仕事をしていることになり、そのおかげでラクに感じられるのだ。ただ足を上げるだけで走ることができるとすれば、重い体を前に押し進め、わざわざ疲れるようなことをするだろうか？　後述するような足を上げる走り方がラクに感じられるなら、そのような無駄なことをしていないことになる。

　この原理に従えば、効率よく走ることができてエネルギー消費が少なくて済む。言い換えれば、限りあるエネルギーを有効に使うので、より速くより長く走れることになる。エネルギーの節約がすべてなのだ。小さい筋肉で大きい仕事をすれば、大きい筋肉で小さい仕事をするのに比べ、エネルギー消費率が高くなる。だから、しっかりした強大な筋肉に頼った動きをすることが大切なのである。

　ランニング計画もこの原理に従う必要がある。トレーニングを積んでしっかりと基礎をつくってから、次の段階へ進むべきである。

ある日、徐先生がこの原理を実感できる試みをしてくださった。先生は腕を前に伸ばし、私に力いっぱい押すよう促し、「最初は、筋肉を使って支えるから」と言う。思いっきり押してほぼ互角だった。私が力いっぱい押すと、それを押し返すため先生の体に力が入って腕が震えているのがわかった。

　「次は、私が押します」と静かに言う。今度はピクニックテーブルから紙コップを払い落とすぐらいのものだったのだろう。私は３ｍほど後ろに突き飛ばされて、何かにつかまろうともがいていた。「どうしたのだろう？」とすっかり驚いてしまった。先生の筋肉はピンと張ることも、びくっとすることもなく、突き飛ばす素振りも見せなかった。私など存在しないかのように、ちょっと腕を動かしただけだった。

　「何をしたのですか？」と聞くと、「体をリラックスさせ、＜気＞を働かせて押しただけだ。すごいものはすごいことをする」。信じられなかった。

　インナーマッスルが股関節部と肩甲骨に作用する。股関節部と肩甲骨が脚と腕を動かし、脚と腕が足首と手首を動かし、足首と手首がつま先と指を動かす。この順序が狂ってはいけない。そうしないとエネルギー消費が増えることになる。

原理4　バランスのとれた動きをする

　図に示すような陰・陽のシンボルマークをご覧になったことがあると思う。Ｓ字型に白・黒二分した円形のマークは、なかんずくバランスを象徴している。まっすぐな線で二分した円と違って、欠けた部分を補い合うバランスを表している。円内の一方が大きくなるにつれ、片方は小さくなっていくのがわかる。一方が拡大すれば、片方は縮小する。一方がハードになれば、片方はソフトになる。一方が軽くなれば、片方は重くなる。バランスとは常に等しく釣り合っているということではない。何かを増やすためには別のも

のを減らす必要があるということ、逆もまた同じである。

●──ランニングの場合はどうか

　ランニングにおいては、バランスのとれた動きが必要である。太極拳と同様、「＜気＞ランニング」には、左右、前後、上下の６方向のバランスがある。体の一部が前方へ動けば、それを補う後方への動きが生じる。体を前傾させれば、ストライドが後方に伸びる。体の一方が出れば、片方が戻ることになる。

　体のどの部位からも助力なしに脚だけで走れば、アンバランスな状態で走ることになり、脚がオーバーワークになる。重い岩を動かす場合、５人でかかれば仕事量が分散され容易に動かせる。これと同様に、「＜気＞ランニング」は体の各部位が相応に働き、全身統合された動きで走る走法である。すべての部位が調和のとれた働きをすれば、バランスのよい動きになる。チーターが走るのを見ると、体のすべての部位が働いていてバランスのよい走りになっているのがわかる。

　バランスがはっきり表れている例をあげてみよう。
・水分のバランス──汗をかけばかくほど、飲み物が欲しくなる。
・トレーニングのバランス──楽あれば苦あり。
・エネルギーのバランス──懸命に走れば走るほど、エネルギーが必要になる。
・努力のバランス──より速く走るには、さらに脚をリラックスさせる必要がある。
・学びと遊びのバランス──よく学びよく遊ぶ。

原理5　うぬぼれは禁物

　「自然な動き」をテーマにする。個人の好みはさておき、自然法則の中に身を置けば、あるべき姿で物事が進む。うぬぼれて結果やプロセスをコントロールしようとするのは、自然な形で調和を保って展開する道から外れることになる。「流れのままに」とよく言われる。例えば私がトレイルランニン

グに出かける場合、そこの地形を体に知らせ、どうすべきか相談し、険しいアップダウンに挑むようなことはしない。無理をせずにトレイルの流れに身を任せれば効率よく走れる。険しい坂道を上るとき、がんばってどんどん進むようなことはしない。脚をリラックスさせ、ストライドを小さくして、坂をラクに乗り越えられるようにする。車を低速ギヤに切り替えるようなものだ。「きつい坂はストライドを小さくしろ」と自然が教えてくれている。坂には逆らわない。仲よくしてどうしたらいいか教えてもらうことにしている。同様に、下り坂を走るときは、流れのままに最も効率のよい道をたどる。険しい道と戦えば、筋肉は強張り、着地のたびに体重の衝撃を受けることになる。

　謙虚になるということは、ケガを味方につけて、何かが間違っていると知らせてもらうことでもある。「悪い走りだった」と反省すれば、悪いと思う理由を言って、弱点を指摘してもらい、必要な修正の相談に乗ってもらうことができる。難しいことにチャレンジしていると思えば、強いて「悪い走り」と言うこともない。代わりに、今日は「いい勉強になった」と思えばいい。

*

　自然法則に逆らわない「自然な動き」ができるようにならない限り、ケガ、疲れ、失意、古傷の痛みなどに邪魔されて、永久に進歩しないだろう。「自然な動き」の原理に身を任せることができれば、ランニングによって健全な人生への道が開け、ランニングが体にいいか悪いかの疑問など霧消してしまう。自然の力に背中を押してもらえば、成功と楽しみの可能性が広がる。

CHAPTER 3

「<気>ランニング」の4つのスキル
―― 心と体のコミュニケーション

　木工職人として働いた15年の間ずっと、スキルを磨くことの尊さを学んできた。損失の大きなしくじりをするたびに、スキルを磨く必要に迫られ、失敗を成功に転じていった。正直に言うと、木工職人の本から学んだことより、数えきれないほどの失敗から学んだことのほうが多いのだ。才能ある指導者にも恵まれて、木材を精巧な家具に変えるという工夫を凝らすスキルを学んだのである。
　職人のスキル向上は、やりがいのある難題を経験するか否かにかかっている。それはランニング、さらに言えば人生でも同じである。この2つの興味深い分野はうわべは異質だが、4つの基本的なスキルを共有している。それは、「集中」「体で感知」「深い呼吸」「リラックス」である。
　これらのスキルは私のランニングに欠くことのできないものであり、これを読者と分かち合いたいと思う。私が50kmレースでこのスキルを使えば、最小の労力で最大の成果があげられることに疑いの余地はない。読者がこのスキルを使えば、次元の高いランニングができて、ランニング以上の何事かをなすことになり、トレーニングに深さと幅が出てくるはずである。より速くより長く走るという域を超えたランニングができるようになるだろう。
　これらのスキルは、人生の目的の達成にも役立てられるはずである。毎日のように使っていながら、意識していないことが多い。ランニング中に意識して練習すれば、集中力が高まり、体で感知でき、リラックスできるようになる（たいていの人がこの大事なスキル、リラックスにはてこずるのではないだ

ろうか？)。さらに、最も基本的な営みである深い呼吸からは、最も大きなものが得られるはずである。

「＜気＞ランニング」では常にプロセスがゴールになる。スキルの熟達に向けたプロセスに価値があり、そのプロセスを踏んでいるときに価値あるゴールに達しているのだ。気持ちを集中させる練習をしている、まさにそのときに「もっと集中する」というゴールに達している。つまり、練習の過程で集中力を高めるという目的に達しているのである。

第7章で、ランニング計画に「＜気＞ランニング」のスキルとテクニックの習得を組み入れる方法について詳しく述べる。だが当面は、走るとき、あるいは何か（皿洗いやオムツ替え）をしているとき、4つのスキルのどれか1つでも5分間練習するだけで、そのスキルが向上し、走りや活動の能力アップにつながる。これらのスキルは、ランニングの質だけではなく、人生の質の向上にも役立つのである。

スキル1　気持ちを集中

「＜気＞ランニング」は走り方を考える人のためのものである。まず身をもって経験することが重要だが、この走法で実際に行うことは心に関するものが大部分を占めている。心の中の雑音を消して集中すれば、体に耳を澄ますことができる。心に導かれて筋肉が働いたり、リラックスしたりするようになる。心のお膳立てによって、ゆっくりスタートし、正確なピッチをつかみ、美しい走りになり、リラックスし、＜気＞を働かせてパワーを得、元気が出てフィニッシュできる。

「＜気＞ランニング」だけでなく、英会話やダンスなど、新しいことを学ぶのはそれなりの理由がある。学ぶことは人間としての生得の権利だ。学ぶことをやめれば、成長が止まり、心の働きが鈍ってくる。働かせなければダメになる。

「＜気＞ランニング」の学習の二大要素（および利点）は、精神集中と体の反応である。気持ちを集中し、それに体が応じれば、＜気＞の働きで心身が充実した状態になる。それは、猫が小鳥をねらって忍び寄るとき、テニスプ

レーヤーが相手のサービスを待つときなどのように、邪魔されることのない集中した状態である。

「そんなに集中したい人がいるだろうか？」と思われるかもしれないが、「走ってリラックスし、気持ちを落ち着かせているだけ」のことだ。「＜気＞ランニング」で心身をトレーニングすれば、リラックスできて心の迷いがなくなる。テレビを観ているときは、静かに座っているほどにはリラックスしていないことが研究で示されている。取るに足りないことに心がさまようよりも、気持ちを集中するほうがリラックスできるのである。自分の体に何か新しいことを教えようと集中すれば、その努力に勝る恩恵が心身にもたらされるはずだ。ゆくゆくは、「＜気＞ランニング」フォームが第二の天性になって、心と体がひとつになるはずである。そうなってくれば、もはや気持ちの集中に努める必要もなくなり、場面と反応が同時に生じるようになり、思考プロセスさえなくなる。猫が小鳥をねらって忍び寄るときのように集中し、＜気＞の働きによって前に進むようになる。「＜気＞ランニング」の集中を実践し、どんな場面でも＜気＞を働かせる用意が整うことになる。

教室の新顔のボブは、15年間ずっと気晴らしに走っている48歳のランナーだった。ここ3年間は週5日、家の近くをぐるぐる回って5kmほど走っていたという。いつも同じように走っていたので、家に帰り着くまでの時間は秒単位までわかっていた。教室のセミナーに参加した次の日、用意万端整えて集中し、いつものコースを走る。いつもはやっと日課を果たしたという気分で帰り着いたものだった。その日、帰り着いてすぐ、いつもの時間を予想して時計を見る。驚いたことに、これまでのベストより3分も速かった。「ランニング中に時計が止まったのではないかと思い、軽くたたいて動いているのを確かめた」と話してくれた。そればかりか、全然疲れていなかった。とても気持ちがよかったので、すぐにもう2km走ってしまったという。とても注意深く気持ちを集中したので、リラックスできて体が自然についていったのだ。

「＜気＞ランニング」に集中すれば、心が気ままにさまようのを減らす訓練になる。「＜気＞ランニング」の優れた面は、心と体がいまこの瞬間どうなっているかを知ることによって真の内面の自由が得られることである。

ケガをすることなく、もう少し速く長く走れるようになりたいだけなら、「＜気＞ランニング」はそれに応えられる。集中力にも興味があるなら、「＜気＞ランニング」はそれにも十分応えられる。気持ちを集中し、リラックスした状態で体が反応する動きを続けていれば、ついには求めている「自然な動き」になるからである。

気持ちを集中するとはどんな感じなのかサンプルをお望みなら、次のことをやってみよう。いすに座り姿勢を正して、本書をさらに読み進めよう。一度たりとも前かがみになってはいけない。そうすればできる！ 気持ちを集中すれば正しい姿勢が保たれる。本章の終わりで結果を聞いてみたい。

スキル2　体で感知

「体で感知」するのは、体がしていることを感じ取る行為である。脚を運ぶときどのように感じるか？　いい感じか？　もっとよい、ラクな、滑らかな、リラックスした感じにできないか？　「体で感知」することが体の声になる。心で体に指示すれば、それに応じて体が動き、その結果について体の声が話す。「この筋肉をもっと使おう」「こんなことをしている」「それはやめよう」などと話すことになる。

心と体の結びつきによって「体で感知」するのであり、気持ちを集中することによって心と体の結びつきがよくなるのである。電話で心と体が話をするようなものだ。

子どもの頃、兄弟で空き缶とワイヤを使って電話ごっこをして遊んだ。原始的なものだったが、初歩のコミュニケーションにはなった。いまではコンピュータを使って、メール、画像、スナップ写真、動画を送信できる。今日、手段には事欠かないが、一番大事なのは明確にコミュニケーションすることである。

前述の空き缶を使った電話ごっこは「体で感知」に似ている。走り始めた頃は空き缶レベルだった。心が体に「走りに行こうか」と話しかける。そうして走りに出ることになるが、やがて体が「疲れた」と言う。その声を聞いて、心が体に「今日はこれでやめよう」と伝えることになる。心と体のコ

ミュニケーションはこの程度だった。

　いまでは「体で感知」にもっと熟達していて、体に細かい具体的な指示を出し、微妙なニュアンスを聞き取ることができる。反応によっては、必要な調整もする。調整するたびに、体が伝えていることを注意深く心の耳で聞く。体が反応することについて、善し悪しの判断はしない。体は反応するだけであり、私はデータを集めるだけ。この限りでは、心と体の会話は十分に納得がいくものであり、ランニング中であるかどうかを問わず、ずっと続けている。やりとりをエンジョイするだけでなく、それを頼りにしている。十分に注意深く耳を澄ませば、最善の結果を出すために知っておきたいことすべてを体は教えてくれるのである。

　空き缶レベルの話をもうひとつ。原始的なワイヤを使って兄弟で通話するとき、通信の妨げになるものが多くて、どうにか話を聞き取るのがやっとだった。ワイヤが障害物に触れると、さらにノイズが加わってメッセージが誤って伝わったものだ。これと同じように、通話の妨げになる要素がある場合には、体からのメッセージをはっきりと受信するのが難しくなる。ここで言う妨げを生み出すのは心の動きだ。体がしていることやできることについて考えたり判断したりすると、通信の妨げになる。「体で感知」するのは思考の手順ではなく、感知の手順なのだ。いかなるネガティブ、あるいは批判的な考えも通話の妨げになるので、明瞭に受信しようとするときは思考するのはやめたほうがいい。「すべきだ」「できない」「ねばならぬ」などのフレーズにはご用心を願いたい。

　「体で感知」は、私が「＜気＞ランニング」を学び、発展させるプロセスで使用したスキルだが、それ自体がゴールとなり、いまでは第二の天性になっている。

　「＜気＞ランニング」テクニックにはランニングフォームを学ぶ以上のものがある。それは心と体の間に強いきずなができることだ。この走法を学ぶとき、特有の動き方を体に求め、正しいフォームで走っているかどうかを「体で感知」し、知らせてもらうことになる。それを実践しているうちに、もはや走ることに努めている感じではなくなってくれば、正しい走り方をしているのであり、新しいレベルのラクな感じの走りになっているはずであ

る。

　第4章で、「＜気＞ランニング」のフォームを中心に学び、効率のよいテクニックの基礎をしっかりと築くことになる。フォームに集中して練習を重ねていくうちに、新しい走り方が身につくことになる。ゆくゆくはテニスラケットのスイートスポットに似た、ラクな感じの動きになる。それは心と体がひとつになっているのが感じられる、はっきりしたフィーリングである。

● ──体で感知する方法

　「体で感知」を学ぶための練習。体の実際の状態とそれを知覚することとの違いを知る方法であり、利用価値のあるスキルである。

EXERCISE

- 全身が映る鏡の前に立つ。目を閉じ、足を平行にし、膝を少し曲げ、両肩を同じ高さにし、腕と手を下ろしてリラックスさせる。まず、接地している足の感じと足の位置の感じから始めよう。
- 次に、脚の感じ　→　腰の感じ　→　胴の感じ　→　腕、手、肩、頭の位置と移していく。
- どのように感じ、どのように見えるか想像してみよう。時間をかけて体の姿勢を感じてみよう。1分間やってから目を開ける。
- どのように見えるか、思った姿と鏡に映った実際の姿との違いに注目しよう。
    - ・足は平行になっているか？
    - ・両肩は同じ高さになっているか？
    - ・指は伸ばしているか、曲げているか？
    - ・頭はまっすぐか？
- 次は、鏡と横向きになって、再び目を閉じる。足を平行にしてベストの姿勢で立つ。3分かけて体の姿勢を感じてみよう。目を開け、首を回して側面の姿を見てみよう。もう一度、思った姿と鏡に映った実際の姿との違いに注目しよう。
    - ・背骨はまっすぐか、前かがみになっているか？
    - ・あごは上がっているか、下がっているか？

定期的にこの練習をすれば、腕や脚などの体の状態を正しく感知することに熟達するようになるはずだ。体の動きを思いのままに指示することにも熟達するだろう。
　この練習は、教室で行うビデオ録画に似ている。生徒は正しい走り方をしていると思っているが、実際に走っているところを自分の目で見ると大きなショックを受ける。ビデオカメラの目を通して「真実」を知れば、フォームの矯正が進むことになる。
　走る前、あるいはジムの鏡の前で、毎朝、前述の練習をしたい。10分ぐらいはかけたほうがいい。長ければ長いほど効果がある。あせらずに、実際の体の感じを知ることをエンジョイしよう。急がば回れ。絶えず練習することによって、どの部位であれ、体のしていることを感知する能力を養うことができる。
　そこで、「体で感知」するための3つのステップについて述べることにする。それぞれのステップにどういう意味があるか認識してほしい。各ステップではなまりのある言葉を聞き取ろうとするときと同じように、融通をきかせて感じ取るようにしたい。これは、「体で感知」するスキルを磨くためのガイドラインである。このステップを何回も繰り返せば、成果が現れてくるはずだ。

①**注意深く聞く**
　体がしていることに細心の注意を払う。できるだけ微妙なニュアンスに耳を澄ます。どのように体が動いているか、それをどのように感じているか？　さまざまな部位が知らせていることをどのように感じ取っているか？

②**情報を評価する**
　調整を試みて、うまくいっているかどうかを見分けることにベストを尽くす。うまくいっていれば、どんな感じでどんな具合なのかを体に覚え込ませる。うまくいっていなければ、なぜうまくいっていないと思ったのかを感じ取ることに努める。努力を評価するための問いかけをする。

　・意図したとおりに体が動いているか？
　・動かしやすいか、動かしにくいか？
　・多少とも不快感があるか？

③調整を加えていく

　絶えず細かな調整を加えるのが最善のやり方である。体の動かし方を急に変えれば、ケガを招くことになる。

＊

　本書によって、「＜気＞ランニング」のフォームをつくることに気持ちを集中させる方法を学ぶことになるが、それがこの走法特有のテクニックなのである。フォームをつくることに集中していると、正しいことをしているかどうかを「体で感知」する必要に迫られるだろう。

　例えば、ランニング中に足首をリラックスさせることに集中するとしよう。まず、足首をリラックスさせるよう心でつぶやく。指示されて体の動きがどのようになったか耳を澄ます。正しければ、足首は柔らかでルーズな感じになる。そのリラックスした足首の感じを記憶しておいて、次回のランニングで同じ動きをする。足首が十分リラックスしていなければ、アキレス腱に張る感じやふくらはぎに強張る感じがあるかもしれない。まだリラックスできていないことを体が伝えているのだ。そこで判断をし、調整してリラックスさせるよう体に求める。正しい動き、少なくとも正しい方向の動きに満足できるまで、このサイクルを繰り返すのが最適なやり方なのである。

　「体で感知」の初期の段階では、外部によりどころを見つけて練習するのがいいだろう。友だちやランニング仲間に見てもらう。しようとすることを話して、そのとおりになっているかどうか聞く。さらによいやり方は、走っているところを誰かにビデオに撮ってもらい、自分で見る方法だ。この方法では、テープを巻き戻したり止めたりスローダウンしたりして、自分の走り方を細かく見ることができる。そうすることによって、しようとしていることと、実際にしていることとを直に比較できる。実際には習得していないのに習得したと思っているかもしれない。また、腕をぶら下げているだけなのに、腕を懸命に振っていると思っているかもしれない。このようにしてビデオのリプレイを自分で見れば大きな進歩が遂げられる。なぜなら、走っているときの感じを思い起こし、それをビデオで見たらどんな動きになっているかがわかって、正しい走りに調整することができるからである。

　「体で感知」に熟達してくると、自分自身が最良の先生になり、コーチに

なる。「体で感知」の３つのステップを使う習慣が身につけば、次はどうすればいいか、正しいことをしているかどうか、わからずじまいになることはない。いまどうなっているかを体が知らせ、次はどうするかを心が指示するからである。

スキル３　深い呼吸

　「集中」や「体で感知」と同様、呼吸もスキルである。ヨガ、気功、瞑想など、数ある東洋の修練法の中心になっている。もっぱら呼吸法や呼吸の重要性を取りあげた本もある。呼吸法は、体内の＜気＞の流れをよくする方法のひとつである。ヨガの呼吸法は「プラーナ」と呼ばれ、＜気＞と同等の効用がある。あらゆる有酸素運動と同様、ランニングにおいて呼吸は筋肉の働きをよくするための酸素補給という大事な役割を果たす。筋肉に酸素が十分行き渡らなければ、エネルギーを燃やすのに必要な要素が欠乏することになる。空気中の酸素を効率よく筋肉に取り入れれば入れるほど、ラクに速く走れるようになる。効率よく取り入れる方法については、この項の終わりで触れる。

　ランニング中に短い呼吸をする人が多い。その理由として、体が慣れている以上に速く長く走っていることが考えられる。ことさらに呼吸をゆっくりしてフォームの乱れに気づかない人、一方ではかっこよく見せようとして酸素不足になり無数の脳細胞を殺している人、そういう人たちをたくさん見てきた。呼吸が苦しくなり、怖い思いをしたという人もいる。荒い息遣いは悪夢を呼び起こし、次のようなネガティブで不安そうな声を誘い出す。

- ・死にそうだ。
- ・ついていけない。
- ・こんなことはできない。
- ・ダメだ。
- ・きつい。
- ・困った。
- ・信じられない、フォームがばらばらだ。

息遣いが荒いと、空気が薄い感じや息苦しい感じ、酸素不足で意識を失いそうな感じ、心臓発作を起こしそうな感じなどにさせられる。呼吸が短くなる現象には数々の理由がある。これについて少し触れ、どうすれば恐れを一掃できるかについて述べることにしよう。

●──筋肉の酸素摂取能力が低い

　ランニングを始めたばかりのとき、さぞ息を弾ませることだろうと思う。その理由は、運動を持続させるのに必要な酸素を取り込む能力が筋肉に備わっていないからである。酸素摂取能力を向上させる一番よい方法は「LSD＝長距離走」をすることだ。LSDとは、「ロング（long）・スロー（slow）・ディスタンス（distance）」のランニングを意味する。LSDをすれば、筋肉の酸素摂取能力の向上につながる（第6章で有酸素運動について触れる）。LSDを計画に組み入れてトレーニングすると、酸素の需要に追いつける筋肉ができてくる。酸素摂取能力を養う秘訣は、会話ができるペースで長い距離を走る、つまり息を弾ませないようなスピードで長時間走ることだ。できれば誰かと一緒に走りながら、滑らかに会話が交わせるくらいが望ましい。

●──呼吸が浅い

　肺の上部を使った呼吸をすると、酸素を多く取り入れることができない。教室に来る医師の話によれば、肺の上部には肺胞（空気から酸素を抽出する小さな囊）がない。だから、肺の上部だけに空気を吸い込むとすれば、たとえ蒸気機関車のような呼吸をしても血液中に十分な酸素が取り込めない。解決策は、肺の奥深く息を吸い込むことである。短い呼吸になっているのは、息を十分吸い込んでいないからではなく、息を十分吐き出していないからである。大切なのは、奥底から肺を空っぽにすることである。そうすれば使用済みの空気がすっかり吐き出され、新鮮な空気に入れ替わって十分に酸素を取り込めることになる。

　では、肺の奥深くに空気を取り入れるための腹式呼吸法について説明しよう。立つか座るかして、おへそに手を添える。ろうそくの火を吹き消すときのように口をすぼめて息を吐き出し、腹の底を背骨に向けてへこませ、肺を

空っぽにする。できるだけ多く吐き出してから腹をリラックスさせて、自然に息を吸い込む。もっと空気を入れたいときは、吸い込みながら下部の肋骨を広げればいい。ランニングをしていないときにこの呼吸法を練習すれば、特に体に求めなくても自然にできるようになる。気持ちよく腹式呼吸ができるようになれば、ランニングに取り入れることができる。ピッチに合わせて呼吸するようにしよう。私の場合は3歩で吐いて2歩で吸っているが、それぞれベストのやり方をすればいい。吸うよりも吐くほうに時間をかけるのが効果的である。

● ── 筋肉が堅くなっている

　筋肉が堅くなっていたり緊張していたりすると、筋肉細胞に酸素が入りにくくなる。肺から酸素を取り込んでいる血液が堅い筋肉には入りにくいからである。
　解決策は簡単だ。ただリラックスするだけでいい。難しく考えることはない。肩を下ろし、スマイル。臀筋をリラックスさせ、お尻を堅くしないで、蝶のように……軽やかに走ろう。
　正しい呼吸法を身につけただけで、速く長く走れるようになったランナーたちを見てきた。呼吸が浅い理由を特定できれば、それだけ早く対処できることになる。定期的に週1回のLSDを行えば、必要な酸素を取り込む能力が養われる。ランニング中に本当にリラックスできるようになることがよい呼吸に一番役立つのであり、それで何もかもうまくいくはずだ。なぜなら、より効率的な動きになって酸素の需要が減り、自然なリズムの呼吸になるからである。
　さまざまなところでよい呼吸をするよう盛んに勧められているのは、洞察力や知能からセックスに至るまであらゆることに役立つからである。呼吸法を学ぶ価値には限りがないし、よい呼吸をすれば何をやってもうまくいく。
　ということで、ちょっとした提案だが、本書を膝の上に置き、背筋を伸ばして座り、「ハァーー」と大きく息を吐いて深呼吸してみよう。よい呼吸は簡単だ。よく覚えておいてほしい。

スキル4　リラックス

　さまざまな場面で、自分も含め、みんなもう少しリラックスできそうなのにと思う。逆説的なようだが、誰でもリラックスに努めなければならない。面白いことにリラックスを学ぶのに役立つ3つの方法は、「集中」と「体で感知」と「深い呼吸」である。当の「リラックス」でスキルが4つ出そろうことになる。

　生活をしていると、いつも少々余計なことがあって、ほとんどすべての人が窮屈な状態でいると思う。比喩的であれ文字どおりであれ、ゆったりとしたものが人生に必要であり切望される。私はランニング中にゆったりとしたものをイメージすることにしている。関節を柔らかくし、ラクで自然な動きをイメージする。不自然な感じはまったくない。自由で伸び伸びとした動きだ。これが私の述べるリラックスである。

　太極拳の徐先生が筋肉を使わずに体を動かすレッスンを示してくれた。腕を動かしているのに、筋肉はほぐれていて柔らかい。「この動作をしている間じゅう、私の腕にあなたの手を乗せておいてください」。言われたとおりにした。

　「いまは、筋肉を使った動き」と言って微笑む。そのとおりだった。先生の前腕に力が入っているのを感じた。しっかりとしていて堅い、よく焼いた肉のような感じだった。

　「次は、＜気＞を使った動き」と満面の笑顔で言う。同じ動作で腕を動かしているのに、雲泥の差だ。身近な例で言えば、眠っている娘の腕のような柔らかさだ。だが、先生の体の奥深いところから生ずるしっかりしたものがはっきりと感じられ、それは腕からのものではなかった。先生の腕をいくら懸命に押しても、私など存在しないかのように同じ動作を続けている。筋肉がリラックスしているからこそ＜気＞が作用して、このようなことができるのだ。徐先生がリラックスのパワーを示さずに済ませたレッスンはこれまでひとつもなかったのである。

　ある心霊術の先生がリラックスの定義づけをしてくれたことがある。「リラックスとは不必要な努力をなくすこと」だと言う。実に簡単なようだが、

「言うは易く行うは難し」である。この定義をいつも実行することにして、ランニングに応用してみると、次のような感じだった。脚をリラックスさせ、脚の"努力"をなくせばなくすほど抵抗が少なくなり、前に進みやすくなる。レースでもとてもうまくいって、いつもは歩いていた後半の険しい坂を走り通すことができた。この定義を実行すればするほど脚を原動力に使わなくなり、ますますリラックスできるようになった。

「＜気＞ランニング」テクニックを使うと、脚の努力を減らす、つまり、重力を利用し脚力をあまり使わないようになるので、ラクな感じで走ることができる。努力しないのではなく、不必要な努力をなくすということである。そうすれば、抵抗が少なくなって前に進みやすくなる。私の体験では、速く走れば走るほど体の中心から動く感じになり、脚を使わなくて済むようになる。同様に、体の中心に意識を集中すればするほど、脚を使わなくて済み、速く走れるようになる。どちらのやり方でもこのサイクルはうまく回る。

筋肉をリラックスさせる利点をさらにあげよう。体を動かすのに筋肉だけを使っている場合、筋肉に蓄えられた限りあるエネルギーを使って動かしていることになる。一方、筋肉をリラックスさせ、＜気＞（生命エネルギー）を働かせて動かせば、本質的に体をハイブリッド式に変え、2種類のエネルギーを使うことになる。ガソリンと電気で走るハイブリッドカーのようなものだ。ガソリンエンジンは必要なとき（坂道やスピードアップ）のみ使い、それ以外は電動機を使う。同じように、「＜気＞ランニング」では常に生命エネルギー（電気）が大部分の働きをするので、筋肉のエネルギー（ガソリン）はわずかしか使わない。生命エネルギーをうまく利用すればするほど、筋肉のエネルギー消費が少なくて済む。決して疲れないということではなく、エネルギー効率のよい動きになって、筋肉に蓄えられたエネルギーを使い果たすまで長く走れることになる。大部分を生命エネルギーで走るとは、どんな感じのランニングなのか想像できるだろうか？

一連のトレーニングプログラムをやり通し、初マラソンをホノルルで走ったばかりのパトリシア(25)が、手紙で次のように言っている。「もう一度＜気＞ランニングプログラムを受講しようと思います。なぜって、先生の教

室でトレーニングしたから、腰も、膝も、足首も痛まなかったし……明日にでもマラソンが走れそうな感じでした」

　リラックスのもうひとつの利点は、筋肉を柔らかくしリラックスさせると、筋肉が堅いときに比べ、血液で運ばれる酸素が筋肉細胞に入りやすくなることである。柔らかい筋肉は吸収力が強いのだ。筋肉に言い続けよう、「柔らかければ柔らかいほどいい」と。

　私は「リラックス」をラクに走るためのテーマとし、また人生にいかに応用するかということをテーマにもしてきた。いまのところ、どんな状況にも応用できそうに思える。リラックスし集中している限り、目の前のこと——10km走であれ、料理であれ、ラッシュアワー通勤であれ、ラクに成し遂げられる。何を行うにせよ抵抗がなければ、ラクにできそうに思える。あまりやりたくないことをするときは特にそうだ。もし脚に抵抗がなければ、あるべき姿の走りになる。何の抵抗もなければ、あるべき姿の人生になる。

　抵抗、不必要な努力、緊張などが暮らしの中で生ずるときは、生命エネルギーの流れが悪くなっているのだ。友人のセラピストは、これを称して「自由がない」と言い、次の言葉を添えている。「内面が自由になれば、万人共通のストレス、悩み、緊張、恐れなどの少ない人生が送れる」

　緊張もさまざま、人それぞれだと思う。恐れや緊張は自分自身であることの妨げになり、もっと重要なことは自分自身を感じる妨げになり、そのうえ「自然な動き」で走る妨げになる。リラックスすることによって、何事においても自由が感じられるようになる。ランニングをするときも、取引先にプレゼンテーションをするときも、子どものかんしゃくに対処するときも。十分なリラックスと集中に利点があることは議論の余地がない。

　ランニング中に探し求めるものは、十分リラックスして「自然な動き」が可能になる体の状態である。中心を強く保ち、他はすべて自由にすることによって真のリラックス状態が得られる。このようにリラックスしていながら同時に強い中心を保つための手立てこそ、「〈気〉ランニング」テクニックなのである。

　ところで……いま、例の姿勢はどうなっていますか？

EXERCISE

【リラックスさせる練習】
- これは走っていないときに行う練習なので、感じがつかめたら必要に応じてランニングに応用するといいだろう（この練習は、「集中」と「体で感知」のスキル向上にも役立つ）。
- いすに座るか、床に横たわるか、まっすぐ立つかする。息を吸い込むと同時にすべての筋肉を緊張させる。この姿勢のまま10数えてから息を吐き、すべての緊張をほぐす。すべての筋肉の緊張がほぐれた感じになるまで、これを行う。つまり、すべての筋肉を徹底的に緊張させておいてから、すべての筋肉を徹底的にリラックスさせるのである。次のステップで、ランニング中にリラックスさせる練習をする。これによって必要なときいつでも使える道具を身につけられることになる。

　4つのスキル、「集中」「体で感知」「深い呼吸」「リラックス」が公立学校の必須課程だとしたら、いったいどうなるか想像できるだろうか？　この4つとも誰もが体験できるものであり、生まれつき備わっているはずのものだと思う。時を異にしてそれぞれに集中しているにしても、同時に全部に集中するとどうなるか想像できるだろうか？　どんな活動においても、人が経験することの深さにはそれぞれ大きな違いがあるはずである。ランニングによって4つのスキルを磨いて奥深い経験を積めば、ゆくゆくは日常生活にも役立って、内面の経験および周りの世界で経験することが内容豊かなものになってくるであろう。

▶ CHAPTER 4 ▶▶▶

「＜気＞ランニング」の基本テクニック
―― 正しいフォームを身につける

　真に＜気＞を働かせた本物の走りができるようになるまでには、後述するような進歩・発展の段階を経ることが必要になる。本章は、一歩一歩着実に走りを進歩させていく内容になっている。

　「＜気＞ランニング」フォームのどの部分に集中しても、それだけでランニングにプラス効果をもたらす。すべてが一緒にできるほどマスターした暁には、重力に引っ張られ、背骨をひねり、＜気＞を働かせた、最終段階のほぼ完璧な走りになる。

　さしあたりの段階で「＜気＞ランニング」の最も重要な部分は、前傾して重力に引っ張られるときに強い中心を維持することだ。頭の頂上から背骨を経て、尾骨の底、さらに足底の接地点までの中心をなすまっすぐな軸を忘れないようにしたい。このまっすぐな軸を中心に骨盤と肩が回り、重力に引っ張られて脚がついていく。脚を動かしているのは背骨のひねりから生ずる靱帯や腱の反動であり、その背骨のひねりは骨盤と肩が逆方向に回ることによって自然に生じる。これだけでも現状の能力のレベルアップにつながり、優に30％の走力アップは可能だろう。

　立った状態でいるとき、肩、背骨、骨盤は靱帯と腱によってその姿勢が保たれる。走るときは骨盤と肩が逆方向に回って、背骨をしなやかにひねることになる。このひねりによって肩、背骨、骨盤のそれぞれの靱帯と腱が引っ張られ、次にゴムバンドで引っ張り戻すような作用で、背骨のひねりを自然な姿勢に戻そうとする。このゴムバンド効果で腕と脚が動くのだが、それは

靱帯と腱の伸びの反動であり、筋肉の収縮で動くのではない。この筋肉に頼らない動作はとても効率がよいので、動かす努力が少なくて済むのが感じられるはずだ。靱帯や腱は酸素やグリコーゲンを必要としないため、ランニングで生じる乳酸が少なくて済む。筋肉の疲れが少ないので回復が早い。こうして走り込んでいるうちに、だんだん関節と靱帯が強靭で柔軟、かつ丈夫になってくる。重力で引っ張られて前進することになるのだが、この動きはすべて体を前傾させられるかどうかにかかっている。この走法によって、私は割に距離数の少ない（週50km程度の）トレーニングでウルトラマラソンを完走することができる。最近はテクニックを磨くことに時を費やし、脚の筋肉を鍛えることにはほとんど時間を使わないことにしている。

いまは納得していただけなくても心配ご無用。長い目で見て、読み進めていただければ、ご期待にそえると思う。

正しいフォームを身につける

「＜気＞ランニング」の肉体的な面に移ることにしよう。これまで原理とスキルについて述べてきたが、ここではフォームについて重点的に述べる。これまで述べてきた原理やスキルを習得することと、正しいランニングフォームを身につけることが相まって、ランニングが進歩・向上することになる。

ランニングフォームを正すことが、「＜気＞ランニング」の第一に行うべき最も重要なステップである。初めはいままで以上にインナーマッスルを使う努力を要するだろう。腹部と腰部の筋肉に痛みを感じるかもしれない。これは正しい走りをしていて、必要な筋肉に頼っている証拠である。このように新しい筋肉を使うよう調整しているうちにインナーマッスルが強くなってくるので、もはや努力しているとは感じなくなってくるはずだ。生体力学的な動きが改善されてエネルギー効率がよくなり、エネルギー切れにならずに済むようになるはずである。たとえインナーマッスルを強くするのに時間がかかるにしても、エネルギー効率は直ちによくなるはずだ。

ランニングフォームを変えるのは、ゼロからスタートする場合もあって大

変な努力を要するものだ。そこで、楽しみながら習得していく秘訣を述べることにしよう。

● 1つずつやる

「徐々に進歩」の原理を思い起こしたい。忍耐と根気に勝るものはない。初めからたくさんやらないようにする。ゆっくりとやって、些細なことができたらほめたたえる。うまくできるだけのことをやり、できずに残っていることに気を取られないようにする。一番興味があること、あるいはいまの状態で最も効果があると思われることに集中して練習する（例えば姿勢をよくする必要があるなら、初めはまっすぐな軸を保つことに気持ちを集中して走る）。1つのことに集中するのに満足できたら、もう1つ別のことに集中する。集中していることをいつでもはっきり「体で感知」できるようになってから、別のことにトライする。「徐々に進歩」の原理に基づいて練習すれば、着実に堅実に少しずつ進歩が遂げられるはずである。

● やろうと思っていることをはっきりイメージする

走りに行くとき、集中してやろうと思っていることを十分理解できるまで、本書の必要な部分を読み返してみる。それが屋内で練習できることであれば、必ず少し練習してから外に出るようにする。このイメージづくりを初期の段階で徹底すればするほど、美しい滑らかなランニングフォームになるチャンスに恵まれることになる。

● 一貫性──老犬に新しいしつけをするように

老犬のような大人の体には繰り返し行うことが一番である。新しい動きを習慣づけるためには一貫性と粘り強さが必要であり、フォームに集中して練習すればするほど早く身につけることができる。

また、週に最低3日は走ることを勧める。体に覚え込ませたら、あまり間を置かずに練習するのがベストだ。走るたびにゼロから始めることにならなくて済むからである。

● もうひとつ別の目で見る

正しい動きをしているかどうかを見分けるのは難しい。解決策はランニング仲間と一緒に「＜気＞ランニング」を学ぶことだ。協力し合って学べば「お互いの目」で見ることができるので、注意深く見て提案し合うことがで

第4章 「＜気＞ランニング」の基本テクニック　51

「＜気＞ランニング」の正しいフォーム

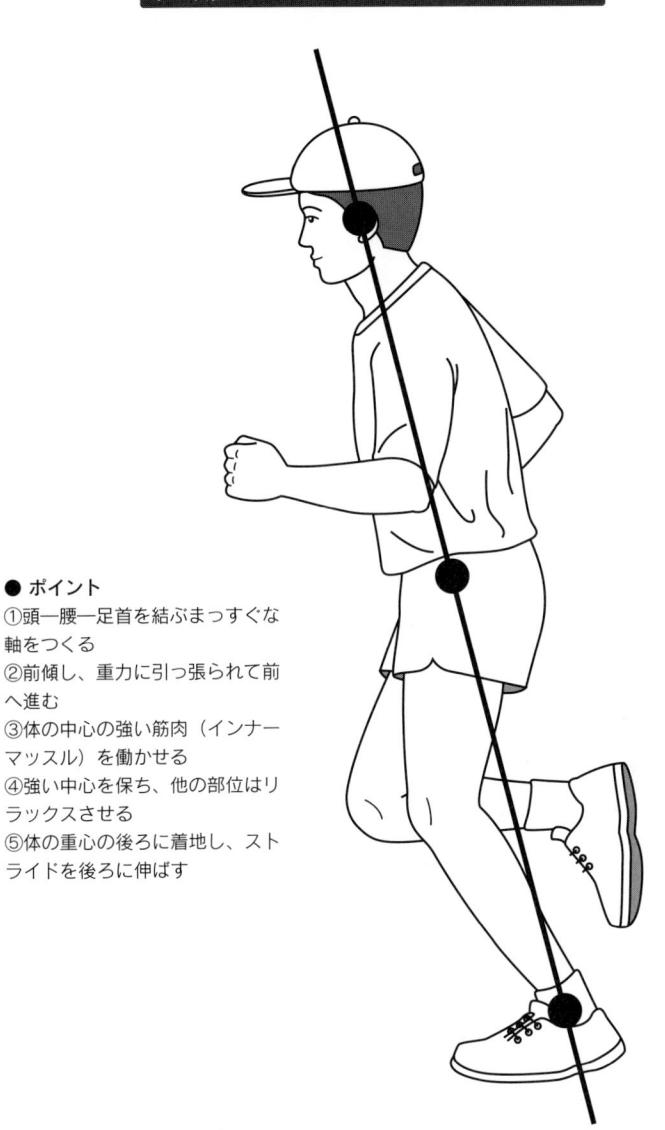

● ポイント
①頭—腰—足首を結ぶまっすぐな軸をつくる
②前傾し、重力に引っ張られて前へ進む
③体の中心の強い筋肉（インナーマッスル）を働かせる
④強い中心を保ち、他の部位はリラックスさせる
⑤体の重心の後ろに着地し、ストライドを後ろに伸ばす

軸をつくって前傾し、強い中心を保って他の部位を柔らかくすると、自然に骨盤が回って背骨にひねりが生じ、靱帯と腱が作用してストライドが伸びる

きる。

　もうひとつの提案はビデオに撮ること。そうすれば、やろうと思っていたことが実際にできているかどうか見ることができる。ビデオ撮影に理想的な場所は近くの高校などのトラックだ。カーブを走るところをフィールド内から友だちに撮ってもらえば、ランニングフォームを横から見ることができるので、とてもよいトレーニングになる。

　自身の姿を注意深く見ることは、「うぬぼれは禁物」の原理の実践にもなる。うぬぼれをなくせば独りよがりがなくなり、データを集めて活用することによって走りをよくすることができる。

「＜気＞ランニング」テクニックを学ぶ4つのステップ

　「＜気＞ランニング」テクニックの基本は単純に4つに分けられる。それぞれに集中して練習すれば、この走法に必要な基本的テクニックを身につけられるはずだ。「ステップ1」を読み、姿勢を正す練習に集中してから、「ステップ2」と「ステップ3」に移ることを勧める。そして、「ステップ4」で走りに出ることになる。

　　ステップ1：適正な姿勢
　　ステップ2：前傾し、重力で前進
　　ステップ3：脚と腕——下半身と上半身のフォーム
　　ステップ4：走りながら身につける

ステップ1　適正な姿勢

　私は走るたびごとに、まず姿勢がどうなっているか考えることにしている。よい姿勢は「＜気＞ランニング」テクニックの土台であり、よい姿勢を保つためにはインナーマッスルを強くすることが欠かせない。姿勢が正しければ、＜気＞（生命エネルギー）の流れがよくなる。それは、曲がったパイプよりまっすぐなパイプのほうが水の流れがよいのと同じだ。まっすぐでない姿勢で走れば、力み、疲れ、不快感、痛みさえ生じることになる。姿勢が適

正であれば、筋肉に頼らずに体全体で体重を支えることができる。

「柔と剛」の原理は姿勢にもあてはまる。まっすぐ一直線になった体は中心線、すなわち頭と足を結ぶ軸になる。中心の軸がまっすぐで強ければ、体を支える強い芯になり、腕や脚がリラックスできて綿のように柔らかくなる。

姿勢といえば体幹のことばかりを考えがちである。まっすぐ立つように言われると、脚がどうなっているかは考えずに上半身を正すだけの人が多いが、下半身も同様に重要なのだ。

次に示す３つの要素を使って、すべての面でよい姿勢が保たれているかどうかを確かめてみよう。

● ── 姿勢を正す練習 ── 軸をつくる

1　上半身をまっすぐ伸ばす

EXERCISE

- まず、足を腰幅に平行に広げて立ち、下を見て足が外向きでなく平行になっているか確かめる。膝を柔らかくし、動きやすくする。

手を使って姿勢を正す
【図4-1】

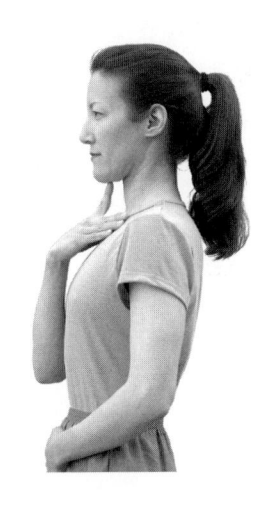

３本の指を使って頭の位置を正す
【図4-2】

- 体幹──片方の手をおへそに、もう一方の手を鎖骨のすぐ下に添えて背骨をまっすぐにする（図 4-1）。体幹を上の手で引っ張り上げ、下の手で引っ張り下ろすようにすると、肩を後ろに引かずに背骨をまっすぐに伸ばすことができる。背骨がまっすぐになると、胸腔が広がって深い呼吸がしやすくなる。
- 頭部──片方の手の親指と中指を鎖骨に置き、人差し指の先端をあごにあてる（図 4-2）と、頭が正しい位置になり、首と背骨が一直線になる。

2　下半身をまっすぐ伸ばす

　スタンスをとるときに足が平行になっていることは重要であり、走るときにはさらに重要になる。走るときに片方または両方の足が開いていると、膝を痛める恐れがある。体はまっすぐで前方に動いているのに、足が前方ではなく外向きに着地するため、膝にねじりモーメントを生ずることになる。

EXERCISE

【外向きの足を直すための練習】
- 走ったり歩いたりするとき、脚を内側に回してつま先を前方に向ける。綱渡りのロープの上を走るようなつもりで、足の内側が仮想のロープ沿いにまっすぐになるようにする。つま先と膝が同じ方向を向くようにする（図 4-3、4）。
- こうした練習を積めば内転筋が強化され、やがてランニング中に足が外に向

○まっすぐになっている　×開いている
【図 4-3】膝と足の向き

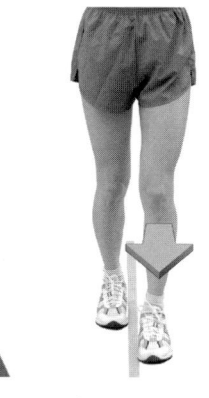

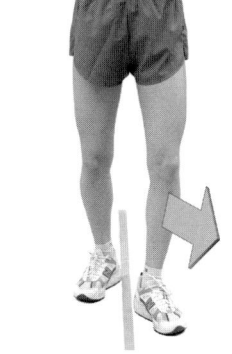

○まっすぐになっている　×開いている
【図 4-4】脚と足の向き

かなくなるだろう。そうなれば、回内に伴う故障はすべて過去のものとなる。
- 私の場合、30km以上走るといつも回内筋の痛みと慢性の膝の痛みがあった。これを治すのに、日常の練習の中で上記のことに集中するだけで事足りた。しかし、ウオーキングやランニングで疲れてくると、思い出して膝をまっすぐに戻さなければならないことがいまでもある。

◇ 点を結ぶ

肩―腰―足首を結ぶまっすぐな線をイメージして、まっすぐな軸を保つ。接地した足の感覚によって、この軸の底の状態を「体で感知」する（図4-5）。

次の練習をすれば、脚が垂直になって、肩―腰―足首を結ぶまっすぐな軸がつくれるようになる。

EXERCISE

- 上半身をまっすぐにしてから、下を向いて足を見る。靴ひもが見えれば、肩―腰―足首を結ぶまっすぐな線になっている（図4-6）。靴ひもが見えなければ、腰が前に出すぎている（図4-7）。これを直すには、指先を腰の骨にあてておいて、上半身をまっすぐに保ったまま腰を後ろに引くとよい。靴ひもが見えたら、ゆっくり頭を上げて目をまっすぐ前方に向ける。このとき、他のところは動かさずに頭だけを上げる。
- いつも腹部を緩め、腰部を前に出して立っているのであれば、これを直すとお尻を突き出してウエストから曲げている感じがするかもしれない。曲がっているかどうかを鏡で見るか、友だちに見てもらうかしよう。たとえウエストから曲げている感じであっても、矢のようにまっすぐだと友だちに言われるだろう。

肩―腰―足首を結ぶ
まっすぐな軸
【図4-5】

○靴ひもが見える
【図 4-6】

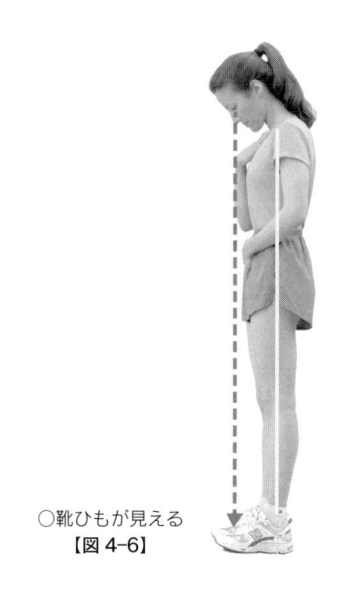

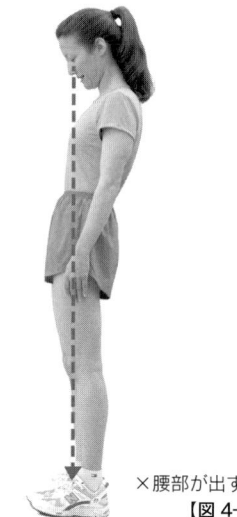

×腰部が出すぎている
【図 4-7】

3　傾いた骨盤を起こす

　徐先生は骨盤を「鉢」になぞらえた。鉢が前に傾けば、中に入っているものがこぼれる。水平であればこぼれずに済む（図4-8）。鉢の中身が＜気＞だとすれば、骨盤を傾けると＜気＞がこぼれることになる。

　骨盤を水平に保つには2つのことをする必要がある。それは、インナーマッスル（下腹部）を強くすることと、体の中心——＜気＞が集まり、真のパワーが宿るところ——に意識を集中することである。

　骨盤が傾く（後ろに傾く）のであれば、インナーマッスルが十分に発達していないために、体の中心が強くなっていないのだ。骨盤が傾かな

水平な骨盤
【図 4-8】

いようにするためには、腰の筋肉をリラックスさせた状態で下腹部の筋肉を強くする必要がある。腰を過度に湾曲させると下腹部を伸ばしすぎることになり、腰の筋肉は収縮しすぎることになる。体の前部と後部のバランスを整えると、背骨がリラックスした状態になるので、ケガや腰痛が少なくなる。腰を適度に湾曲させるのは健康によいが、湾曲させすぎると椎間板を圧縮することになり、脊髄を圧迫することになる。

EXERCISE

- 後ろに傾く骨盤を起こす練習である。まっすぐに立って、下腹部で恥骨を上げる。この練習をしている間は臀筋が堅くならないようにし、下腹部の筋肉だけを働かせるようにする。骨盤を上げるたびに、その状態を10秒保ってからリラックスさせる。1日に5～10回行う。
- この練習は、骨盤を水平に保ち、腰を伸ばすのに役立つ。腰の筋肉をリラックスさせた状態で下腹部の筋肉を強くする方法なので、腰痛などの問題を防ぐのにいい練習になる。いわば骨盤隔膜を水平にする練習である。立っているとき、思い出して練習すればするほど下腹部の筋肉が強くなり、骨盤を正しい位置に保てるようになる。これに加えて前述の靴ひもを見る練習も一緒に行うことを勧める。

EXERCISE

- 骨盤が前に傾くのは、一般に知られている脊柱湾曲であり、この練習をすれば腹筋が強くなって骨盤を水平にするのに役立つ。
- あお向けになって膝を曲げ、かかとがお尻に触れるようにする。
- 腰を床に押しつけ、背骨と床の間に隙間がないようにする。
- 腰から離れていくように脚をゆっくり伸ばしていく。背骨を床に押しつけたまま、脚をまっすぐに伸ばし、ふくらはぎを床につける。できるだけ長く背骨を床に押しつけておく。このとき、腰を床に押しつける状態を保てる速さでふくらはぎを下ろしていく。これ以上できないという限界に達したら、深呼吸をして腰をリラックスさせ、脚を最初の状態に戻す。この練習によって、あお向けになっている間、下腹部が働いているのを感じ、骨盤が起きているのを感じることができるはずだ。また、堅い腰の筋肉を伸ばすのにも役立つ。この練習を5回繰り返す。各回とも背骨を床に10秒間押しつけておく。

軸をつくる3つのステップの復習

❶上半身をまっすぐに──手を使って上半身をまっすぐにする
❷下半身をまっすぐに──靴ひもを見て、必要に応じ腰の位置を調整する
❸骨盤を水平に──下腹部の筋肉を使って骨盤を適正な位置に上げる

「体で感知」するための2つのキーポイントは、体の軸とその底を支える足である。よい姿勢で立つ方法を教わったときに多くの人が違和感を覚えるのは、初めて脚が本当に垂直になるからだ。正しい姿勢で立てば、下腹部を働かせて軸をまっすぐに保っている感じになるはずである。

これまで姿勢を正すコーチをしたランナーの80%が、当初は腰を前に出しすぎ、脚を傾けて立ち、インナーマッスルを使っていなかったというのが実態である。まっすぐな軸を「体で感知」し、どのような感じか記憶に留め、心の中にスナップ写真を撮り、走るとき携帯することにしたい。

姿勢を正す練習のよい点は、しようと思えばいつでもどこでもできることだ。スーパーや銀行で並ぶとき、パーティーで友だちと話すときなど、立っているときはいつも姿勢を正す練習を心がけたい。

ステップ2　前傾し、重力で前進

本書では、重力で前に引っ張られて走れるように前傾、という言い方をする。ウエストから傾けて前傾とみなす間違いが多いが、前傾しようと思うときは、ウエストではなく足首から全身を前に傾けるようにしよう（図4-9）。スキー・ジャンプのフォームを思い浮かべればよい。

「＜気＞ランニング」テクニックで前傾が重要な役割を果たす理由は、重力を利用できるからに他ならない。前傾することによって重力で引っ張られて前へ進むことができるので、脚で押し進める必要がなく、疲れずに済む。科学的に説明すれば、まっすぐに立つと重力は体の真下に働き、体を前に傾けると体の重心は接地点より前方に移動する。そのため、地平線上の前方に重力で引っ張られるのである（重力の作用に感謝！）。

第4章 「<気>ランニング」の基本テクニック　59

足首から全身を前に傾ける
【図4-9】

◆ 前傾は車のアクセル

　前傾すると、もうひとついいことがある。それは、前傾が「アクセル」になることである。スピードを上げたければ前傾を増やすだけ、スピードを落としたければ前傾を減らすだけでいい。前傾を増やすときには、下腹部（インナーマッスル）を働かせて軸をまっすぐに保つことが必要になる。前傾を増やすと、さらに重力で前方に引っ張られてスピードが上がるようになるので、もはやスピードは脚の強さで決まるのではなく、インナーマッスルの強さで決まることになる。

◆ ストライド——ランニングのブレーキになっていないか？

　前傾のさらによい点は、足の着地の仕方と着地点が変わることである。体を垂直にして走ると、片方の足で蹴り、もう一方の足を前方に伸ばすようになるため、足の着地点が体の前方になり、足を前方に伸ばすたびにブレーキがかかることになる。体を前方に動かしている力にブレーキがかかるとき、

膝でそれを受けることになる。このとき、膝の関節にかかる衝撃は甚大であり、何回も繰り返される衝撃（場合によっては体重の約6倍の力）に耐えられるほど膝は強くない。ランニング故障の中では膝の故障がダントツであり、最もランナーを困らせる故障なのである。

　足首から（ウエストからではなく）体を前傾させることによって、体の重心が足の前方に移動する。この状態で着地すると足は後方に動くことになるので、もはやブレーキはかからない。足裏の真ん中で着地するようになり、地面から足が離れるときに脚を後方に伸ばすようになって、膝や大腿四頭筋への衝撃が根本的に減少する。足が着地するやいなや後方に伸びて……何のブレーキもない動きになる。

EXERCISE

【前傾の練習】
- 寄りかかるための壁を見つける。屋外にいて壁が見つからなければ、腰の高さほどのしっかりした支え、フェンス、樹木、車などを利用する。壁に向かって立ち、壁の最下部からつま先までの間を靴1足分空ける。軸をつくり、常に下腹部を使って軸がまっすぐに保つように気持ちを集中する。手を前に出して、傾く体を支えられるようにする（図4-10）。

○まっすぐな軸をつくる
【図4-10】

○軸をまっすぐに保って前傾
【図4-11】

×ウエストは曲げない
【図4-12】

- 次は、軸の底である足に気持ちを集中する。立っていても走っていても、接地しているときはいつでも足で軸を支えるようにする。脚をリラックスさせて体を前に傾け、壁に手をあてて支える。前に傾くとき、軸をまっすぐに保ち、足首をリラックスさせる（図4-11）。本当に足首がリラックスできていれば、体が前に傾いても、かかとが床から離れることはないはずだ。シューズが床に釘づけされているように感じられるのが望ましい。事実、正しく前傾ができていれば、足の拇指球に圧力が加わるのさえ感じないはずだ。スキー・ジャンプの前傾姿勢をイメージしよう。前傾するときにウエストを曲げると、腰の筋肉がオーバーワークになる（図4-12）。また、前傾するときは頭を上げたり、下腹部の働きを弱めたりしないようにしよう（図4-13）。

×下腹部の働きを弱めると曲がった姿勢になる
【図4-13】

- 壁を手で押して、体をまっすぐに戻してから、再び前傾する。このとき、かかとを下ろし、軸をまっすぐに保ち、骨盤を水平にし、足首とふくらはぎをリラックスさせることに気をつけよう。この練習を5分間繰り返す。
- この練習を繰り返しながら、次の2つの感じを記憶に留めよう。
  ①軸をまっすぐに保つときの感じ
  ②軸を前傾させ重力に引っ張られるときの感じ
- 次に同じ要領で、片方の足でやってみよう。足をそろえて立ち、片方の足に全体重を乗せて前傾、次は足を替えて前傾。これを交互に行う。まっすぐな軸の線をくずさずに、床からかかとが上がらなくなるまで繰り返して行う。

《前傾するときの重要事項》
　　下腹部を働かせて姿勢をまっすぐに保ち、臀筋を使わないようにする。臀筋を堅くすると、スムーズな足の運びの妨げになる。

さらに、まっすぐな前傾姿勢を保つ練習と下腹部の筋肉を強くする練習をもっとやりたい人に、次の練習を紹介する。

EXERCISE

【下腹部の筋肉（インナーマッスル）を強くする練習】

- テーブル、または公園のベンチを見つけて、大腿四頭筋で寄りかかって、体を前傾する（図4-14）。前傾している間、まっすぐな軸を保つことで、筋肉を動かさずにインナーマッスルをトレーニングすることになる。
- この補足的なトレーニングは、走るとき使われるべき筋肉を強くするのに最適である。インナーマッスルが鍛えられて、前傾しているとき、姿勢をまっすぐに保つことができるようになるはずである。

《イメージする》

次のことをイメージすれば、走るときに前傾姿勢を保つのに役立つはずだ。前方の一点に焦点を合わせて見つめる。ゴムロープをつけた胸部が、その一点に向けて引っ張られて走っているかのようにイメージする。焦点を合わせている一点から目をそらさないようにしよう。

テーブルを支えにして、まっすぐな姿勢で前傾
【図4-14】

ステップ3　脚と腕──下半身と上半身のフォーム

　脚と腕は体の中心の動きについていかせるように動かし、中心の動きの妨げにならないようにする。

● ──下半身のフォーム

　直感的には逆だと思われるかもしれないが、私の経験では、速く走れば走るほど脚を使わなくて済む。これは「柔と剛」の原理に準じている。なぜなら、前傾してインナーマッスルを使えば使うほど、脚と腕を柔らかくしなければならなくなるからだ。トライアスロンをやる人は「＜気＞ランニング」テクニックを好む。理由は、自転車を終えた後、ゴールまで走るのに脚の強

さにさほど頼らなくて済むからである。

　たいていの人は走る力を主として脚に頼ることに慣れ親しんできているので、これを変えるのは使い慣れた筋肉（脚）から慣れていないもの（下腹部）にシフトすることになり、容易なことではないはずだ。次に示すフォームに集中して練習を続ければ、脚に頼らないようになってくるはずである。

1　足を上げる

　第2章で、その場で走る練習と、その場で足踏みする練習をした（28ページ参照）。体を空中に押し上げるその場走りより、足踏みのほうがどれほどラクだったか思い出していただけただろうか。

　地面をつま先で押すと、上下動が多くなるため足がオーバーワークになり、シンスプリント障害を起こしやすい。つま先で押さずに足を上げれば、跳びはねない滑らかな動きになる。水平に前方に向かう動きになり、ホッピングのように重力に逆らった跳びはねる動きではなくなる。

　足を上げる走り方をすれば、シンスプリント障害、足底の筋膜炎、膝痛など、よく起こる故障を防ぐことができる。誰もが恐れているアクシデント、つまずいて転ぶような事態も防ぐことができる。

EXERCISE

【棒をまたぐ練習】
- つま先で地面を押さずに足を上げる練習方法について述べる。立ち上がって、スペースがあれば円形に歩いてみよう。このときに足の拇指球を床に押しつけているのに気づくはずだ。これはステップごとに足を押しつけて歩いているからである。
- 次に、ステップごとに突き出た棒があると想像しよう。歩くためには、足を上げて棒をまたがなければつまずくことになる。仮想の棒をまたぎながら、部屋の中を歩いてみよう。ずいぶん足が軽くなった感じになり、拇指球を床に押しつける感じがまったくなくならないにしても、著しく少なくなるはずだ。つま先で押さずに足を上げているからである。
- この練習はいつでも行うことができる。たいていの人が毎日たくさん歩いているからだ。たびたび練習すれば、ランニング中に足を上げることをすぐ思い出せるようになる。

2　脚を柔軟にする

　一般に信じられているのに反して、ふくらはぎはランニングに耐えられるとは限らない。走っているときに常に膝から下を柔らかくしておくのが、膝から下のケガを防ぐのに最も効果がある。足が地面を離れているときは、膝から下をすべてぶらりとさせるようにしたい。

> **EXERCISE**
>
> 【脚をぶらりとさせる練習】
> - 片足で立ち、もう一方の脚の足底にゴムがついているように振る。ランニング中、足が地面から離れたらすぐにこの感じが得られるようにしよう。
> - 脚をぶらりとさせれば、ふくらはぎが柔らかく、足首がリラックスした状態になる。脚を完全に柔軟にしよう。
> - それぞれの脚でこの練習を数回行って、足が地面から離れたらすぐに脚を完全に柔軟にすることができるようにしよう。
> - この練習をすれば、つま先で地面を押さない走りになるので、ふくらはぎの引きつり、シンスプリント障害、足底の筋膜炎、槌状足指症（つま先の関節が曲がる）など膝から下の故障を防ぐことができる。

　つま先で押さないようにする一番よい方法は、膝から下を常に柔軟にしておくことである。ふくらはぎや足首を柔軟にしておけば、つま先で押すことは不可能になる。信じられなければ試してみよう。リラックスした筋肉を損ねるのは不可能に近いし、むこうずねの筋肉を使わなければシンスプリント障害を起こすことはないはずである。

　足を上げる走り方を習得するためのもうひとつの方法として、第7章で「砂場での練習」（148ページ）を紹介しているので参考にしてほしい。

3　脚を後方に振り動かす

　太極拳ではどんな動作も反対方向の動きとバランスが保たれている。それは「＜気＞ランニング」も同様である。「バランス」の原理によれば、体の一部が前方に動けば別の部位が後方に動いてバランスを保つ必要がある。上半身が前傾しているのならば、それを下半身で埋め合わせることが必要にな

【図4-15】足を後方に伸ばす　　【図4-16】2つの輪のイメージ

る。ストライドは後方に伸ばすようにしたい（図4-15）。体の後方で足の輪を描くのをイメージしながら走るようにしたい。

　股関節を含む腰部全体を柔らかくして、脚を後方に振り動かすだけにする。ストライドを前に伸ばすと、体の前でかかと着地することになるので、そのたびにブレーキがかかることになる。ストライドを後方に伸ばせば、かかと着地にはならずにバランスのとれた動きになり、膝をいたわることになる。

《輪をイメージする》

　輪の頂上（頭）は前方に、輪の底（足）は後方にあって、路上を転がるように動く大きな輪をイメージしよう（図4-16）。

　足で円を描く、もう1つの輪もイメージしよう。図4-9（59ページ）を見れば、足の描く輪は体の少し後方にあり、ペダルが体の下にある自転車とは違うことに気づくはずである。

4　股関節を含む腰部全体を柔らかく

　前に述べたように＜気＞の流れは、関節の柔らかさの度合いにかかっている。ランニングにおいては、骨盤が動きの中心になるので、この部位を柔らかくすることがとても重要になる。走るとき、股関節部を軸受けのようにし

て脚を振り動かし、骨盤が回って背骨をひねる動き（161ページ図1、2参照）をする。多くの関節がいっせいに動いているのだから、股関節部や骨盤部位が堅ければ全身の動きが悪くなり、この部位が十分柔軟になっていれば自由な動きになるはずだ。股関節を含む腰部全体が柔らかく自由な動きになるようイメージしながら走るようにしたい。

　前傾している間は下半身をリラックスさせ、すべての関節を柔らかくしたままに保つ必要がある。股関節を含む腰部全体がリラックスできていれば、骨盤が動きやすくなり、脚もまた十分に振り動かすことができる。体のすべての部位のうち、走るという動きを制限し得るのは骨盤部位である。骨盤部位が堅ければ、脚の運びが制限されることになる。背中を堅くしてダンスをしてみたことがあるだろうか。とても踊れないだろう。

　第5章において、「体をほぐす運動」（83〜88ページ）で関節を柔らかくする方法を示し、それによって動きが滑らかになり、＜気＞の流れがよくなることを述べている。

　股関節を含む腰部全体を柔らかくするのは、とりわけ前傾姿勢を習得するときに求められる能力である。本能的に前に倒れるのを守ろうとする心の働きで臀筋と腰の筋肉が緊張する。この緊張に注意を払い、緊張しているのを感じるたびにリラックスさせることに努めたい。

　股関節部や骨盤部位が堅くなる人は動きが制限されることになるが、「＜気＞ランニング」テクニックを習得すれば関節を柔らかくし、動きをよくすることができる。常に姿勢を正しリラックスさせることに集中するだけで、それができるのである。

　「＜気＞ランニング」においては、筋肉を強くすることではなく動きをよくすることが重要なのであり、その動きは股関節を含む腰部全体を柔らかくすることによって生じるのである。

5　ピッチ

　「＜気＞ランニング」テクニックの研究を始めるまで、私はピッチにさほど注意を払ったことはなかった。それが何であるかを考えるだけで、速く走るために脚の運びを速くするものと思っていた。だが効率的な走り方につい

て研究し始めると、それだけではないことに気づいた。スピードを上げるときはピッチを速くする代わりにストライドを伸ばし、ピッチは変えないほうがラクに感じられた。そうすることによって、スピードに関係なく常に同じピッチで走るのに体が慣れてくるのだ。

　ランナーの中に共通して見られる重要な問題のひとつは、ゆっくり走るときにストライドを大きくしていることである。これでは効率が悪くて体が疲れてしまう。1分に170歩以下のピッチなら足の接地時間が長くなり、足で体重を支える時間が長くなる。それに比べ、170歩を超えれば足の接地時間が短くなり、貴重なエネルギーの節約になる。

　そこで、10段変速の自転車を例にとって、ピッチをランニングに適用する方法を説明しよう。たいていの自転車競技者はペダルを踏むピッチを毎分170〜180歩に保っている。そうすれば、どのギヤを使ってもきつさを感じる度合いは変わらない。速く走りたいときはギヤを切り替え、ピッチは同じままでスピードアップする。ピッチとギヤの組み合わせはランニングにもあてはまる。ランニングのピッチは1分あたりの歩数で測る。偶然の一致だが、毎分170〜180歩がランナーにも効率的なピッチなのである。なお、初心者の場合は160歩が一般的である。

6　ギヤとストライドの長さ

　何にでもギヤが必要だ。車、自転車、そして体にも。ストライドにギヤの効用を利用すれば、ビギナーは疲れずに走ることができる。ベテランランナーはエネルギー効率、スピードともにアップできるのである。

　ストライドの長さと走りの関係は、ギヤと自転車の関係と同じである。ゆっくり走るときはストライドを小さく（低速ギヤ）、速く走るときはストライドを大きくする（高速ギヤ）。

　同じピッチでストライドを大きくすれば、スピードが増すことになる。スピードアップは脚を懸命に動かすのではなく、前傾を増やして足腰をリラックスさせることによって行う。強いてストライドを伸ばす必要はない。前傾し、下半身をリラックスさせれば、自然にストライドは伸びるはずである。

　「＜気＞ランニング」で絶対に忘れてならないのは、前傾の度合いを増や

すと同時に股関節を含む腰部全体をさらに柔らかくすることだ。そうすれば、ストライドは前方にではなく、後方に伸びる。これと対照的なのがパワーランニングであり、膝を上げ、脚を使ってストライドを伸ばしている。これでは脚がすぐに疲れるし、着地の衝撃が大きくなる。

　ここで強調したい重要な点は、ピッチとストライドの長さ（ギヤ）を適切にすることが、いかにきつさを感じる度合いに影響をもたらすかということである。この２つが調和すると不思議な力が生じる。安定したピッチで走り、足腰がリラックスしてくると、下腹部の筋肉だけを使い脚の筋肉は使わないのできつさを感じずにラクに走れるようになってくる。

　このように「＜気＞ランニング」スキルを磨けば、ストライドの大きさを調整することなど考える必要がなくなってくる。足腰のリラックスの度合いで自然にストライドが決まってくるからだ。もっと速く走ろうとするときに必要なことは、懸命に脚を動かすのではなく、足腰をもっとリラックスさせることなのである。

ギヤとピッチの関係

- スピードを落とす＝前傾を減らす＝小さいストライド＝低速ギヤ
- スピードを上げる＝前傾を増やす＝大きいストライド＝高速ギヤ
- ピッチは常に毎分170歩以上
- 前傾するとストライドは後方に伸びる

◆ メトロノーム

　ギヤを切り替えて走る練習の第一歩は、安定したピッチを保つ練習をすることだ。私の場合、楽器店でカードサイズのメトロノームを買ってトレーニングに役立てている。トレーニングマシンのマニアではないが、これはシンプルですぐに結果が出る。実に便利で、手に持つこともウエストポーチに入れることもできる。180にセットして小さいストライドでゆっくり走り始め、だんだん前傾を増やしてストライドを大きくしていく。前傾が少ないときも多いときも、ピッチを180に保つことが私の課題だ。

　走りに出て、１分間の歩数を数えてみよう。170以下であれば遅すぎるピッチであり、必要以上に脚筋を使っているはずだ。ゆっくり走ってもス

ピードを上げても、毎分170歩以上の同じピッチを保つ練習をメトロノームを使ってやってみよう。

●──上半身のフォーム

「上半身はどうすればいいか？」。いい質問だ。「＜気＞ランニング」テクニックでは上半身の及ぼす影響が大きいからである。

体は上半身と下半身からなる一対のものであり、2つの部位が協同して走りに貢献するものである。2つの部位が協同して、調和のとれた動きになればなるほどラクに感じられるようになる。平坦なところを走るときは、上半身50％、下半身50％の割合にするのがいい。脚を重要視して、上半身10％、下半身90％の割合で走っているように見えるランナーが多いのが実態だ。ただし、上り坂や下り坂のいずれかを走る場合は別の話であり、この割合が変わってくる。これについては第6章で触れることにする。

1 腕振り

腕振りに役立つ提案をしよう。
●**肘を90度に曲げ、リラックスさせて肩から腕を振るようにする**
　腕を曲げると、伸ばしているより振りやすくなる。腕を上下に動かさない

　　　　手をあばら骨まで　　　　　　肘をあばら骨まで
【図4-17】腕振りの範囲

（90度を広げたり狭めたりしない）ようにしよう。

　腕全体ではなく、肘の角度に意識を集中する。心理的には、大きいもの（腕）より小さいもの（肘）のほうが振りやすいからである。

● **腕を後ろに振る**

　前にいる誰かを殴ろうとするのではなく、後ろの誰かに肘鉄を食らわすようにする。体を前傾させているとき、肘を後ろに振ることでバランスが保たれる。腕振りの範囲は図4-17に示すように、後方へは指があばら骨まで、前方へは肘があばら骨までくるように振る。腕を前方に振ると、脚を前方に振り出しすぎて、かかとでブレーキをかけることになる。腕を前方に振りたければ、全速力で走るときや上り坂を走るとき（第7章参照）までとっておこう。

● **肩を下ろし、リラックスさせて腕を振る**

　肘がわきから離れ、首と肩を堅くして走るランナーをよく見かける。肘はあばら骨に近づけ、首や肩はリラックスさせよう。

● **手が体の中心線を越えないようにする**

　前腕は体と少しクロスさせて振ることになるが、手が体の中心線を越えると上半身の動きが横にぶれすぎることになる。

● **手をリラックスさせる**

　指を内側に丸め、親指は上にする。蝶々を捕まえるときのつぶさないようなしぐさで。手首は曲げず、まっすぐにする。基本的に関節が堅いと、＜気＞の流れが悪くなる。また、関節を堅くすると、必要以上に筋肉を使うことになる。

● **腕振りでピッチを調整する**

　毎分180歩で走る練習をするときには、メトロノームを毎分180ビートにセットし、ビートに合わせて腕を振る。脚よりもビートに合わせるほうが腕を振りやすいし、脚が自然に腕と同じピッチで動くはずである。

2　振り子

　腕と脚は振り子になぞらえることができる。腕は肩から、脚は股関節部から振っている。振り子の原理によれば、与えられた長さの振り子は常に一定の速

さで動く。速く動かしたければ、力で速くするか、振り子の長さを短くする。

　脚を速く動かしたければ２つの方法がある。１つは、脚の筋肉の力で速く動かす方法だが、明らかに筋肉を使いエネルギー消費が増える。もう１つは、単に膝を曲げて振り子を短くする方法だ。この方法なら、振り子に相当する脚の長さがほぼ半分になって速く動かすことができる。これは、足を上げることが重要なもうひとつの理由になる。

　ここでは、腕に対して振り子の効果を実証してみよう。次のことをやってみてほしい。

・まっすぐに立って腕を下ろす。
・肘をまっすぐ伸ばしたまま、できるだけ速く振ってみる。
・約５秒振ってから、肘を90度に曲げ、数秒振り続けてからやめる。

　肘を曲げたときの振りやすさの違いに気づいていただけただろうか？　脚の場合も同様の効果があって、脚を曲げれば振り動かしやすくなるはずである（図4-18〜20）。

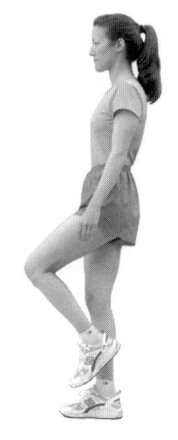

○膝を曲げる　　　　×膝を上げない　　　×膝を十分曲げていない
【図4-18】　　　　　【図4-19】　　　　　【図4-20】

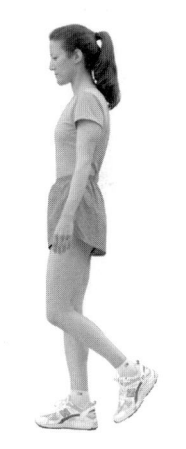

3　頭、首、肩

　この部位について特筆に値することはあまりない。

・肩の力を抜く。肩の働きによって背骨の動きが腕の動きに変わるので、で

きるだけ肩の力みをなくす必要がある。肩を使って腕を振ろうとしないこと。背骨のしなやかなひねりで肘が振れるようにしよう。
・首をリラックスさせ、背筋とともに伸ばす。頭の位置が心配なら、3本指の三脚を使って確かめよう（53ページ図4-2参照）。
・ランニング中あたりを見まわす。首をリラックスさせ、時折、あたりを見まわして周囲の状況を把握しよう。

ステップ4　走りながら身につける

　このページをコピーし、「＜気＞ランニング」の実地練習を始めるときに使っていただきたい。私の教室で行う方法と同じ筋道をたどるものであり、何年も試したものである。心で体を導き、集中できているのを感じ取るようにしたい。「体で感知」できれば、フォームのどこに集中すべきか思い出せるはずである。

●――復習：走る前に確認したい大事な点

◇姿勢を正すことから始めよう。
　□足を平行にして立つ。
　□手を使って上体をまっすぐにする。
　□靴ひもを見る。
　□腰の位置を調整する――肩―腰―足首の点を結ぶ。
　□頭を上げる。
　□頭から足首までのまっすぐな軸を感じ取る。
◇前傾の練習をして、倒れそうな感じを思い起こそう。
　□フェンス、壁、樹木などから30cm離れて立つ。
　□体の軸をつくる。
　□前傾し、それから手で押してまっすぐに戻す。これを数回行う。
　□その間じゅう足首をリラックスさせておく。
◇数分間、付近を歩いて足上げの練習をしよう。
　□ベストの姿勢を保つ。

□足を一方の足首より高く上げる。
□歩くとき、拇指球を押す力を感じないようにする(「抜き足差し足」で歩くように)。

● ──走り始め

① ベストの姿勢で立ち、体の軸(肩─腰─足首の点を結ぶまっすぐな線)をつくる。
② 腕を90度に曲げ、肩をリラックスさせる。
③ 小さいストライドで走り始める。腕をしなやかに後方に振る(ゆっくり走り、呼吸が荒くならないようにする)。
④ 走り出したら、あたかも走っていないかのように行動する。つまり、姿勢を正すだけであり、常に着地点が前方ではなく、軸の底になっているのをイメージしながら行動する。かかとではなく、足裏の真ん中で着地しているのを感じ取るようにする。数分間このような走りをし、他のことは何も考えないようにし、走っていることさえ考えないようにする。体の軸のことだけを考える。軸の底の足が着地するたびに、肩─腰─足首の点を結ぶ線をイメージする。
⑤ 小さいストライドでゆっくり走りながら、軸、すなわち肩─腰─足首の点を結ぶまっすぐな線を維持できているのが感じられるようになるまで、この走りを続ける。
⑥ 気持ちよく軸を維持できるようになったら、足に注意を向け、軸の底で足が着地する感じをつかむ。軸を前に(着地点の前方に)傾けているとき、軸の底で足が着地するのを保ち続ける。ほんの少し前傾を増やし、新たな前傾角度の状態でリラックスさせることに努める。膝を低くし、脚をリラックスさせて、一方の足首より高く足を上げる。陽気にはね回る感じで。

《イメージする》
1) ラクな感じの走りをする方法である。胸にゴムロープを巻きつけ、一方を進行方向の一端に取りつけ、ゴムに引っ張られるのをイメージしながら走る。
2) 足を上げる感じを思い出すのに役立つ方法である。輪状に回転する足

をイメージすると、跳びはねてエネルギーを消耗することなく滑らかに走り続けられる。トレッドミルの上を走るのを誰かにそばで見てもらうと、足が輪状に回転しているのがわかるはずだ。足を上げて走ろうとするとき、膝を上げないようにすることが大切だ。膝を上げると、脚を前方に振り出しすぎることになり、かかと着地になるからである。「膝は低く、かかとは高く」を忘れないようにしよう。

【図4-21】○前傾姿勢の「＜気＞ランニング」の走り

【図4-22】×上半身が垂直な姿勢の走り

3) 小さい自転車をこぐつもりで、ペダルを踏む代わりに足を引っ張り上げるのをイメージしながら走る。
⑦前傾姿勢を15〜30秒保ってから、まっすぐな姿勢に戻す。そうするとスピードが落ちるのを感じるはずだ。スピードが落ちるのを感じて驚く人が多いが、それは前傾によってスピードが上がったことに気づいていなかったからである。

⑧体の軸がまっすぐになっていて、その底で着地しているかどうかたびたびチェックして確かめよう。前傾を増した状態を15〜30秒保ってから、同じ時間だけまっすぐな姿勢に戻す練習を繰り返す。この前傾の練習を10回やってから、休息のウオーキングをする。前傾しているとき、上半身が足の着地点の少し前に出るようにする。頭と足の競争なら頭が先にゴールラインを越えることになる。

⑨ウオーキングをしているとき、体の軸を保ち、体をリラックスさせることに集中する。

図4-22に示すように、直立しすぎていると腰を曲げてしまうことになり、足の着地が前方になって腰と膝に衝撃がかかることになる。

まっすぐな姿勢で足首から前傾させれば、重力で前方に引っ張られ、ストライドが後方に伸び、かかと着地にはならない（図4-21）。

集中することのチェックリスト

●--

集中することのチェックリストを次に列記する。集中を実践しているときはいつでもそれらを「体で感知」するようにしたい。集中に熟達してくるにつれて、ランニングフォームのどこが正しくないのか感知できるようになり、それを正すために適切な集中をするようになってくるはずである。

● ── 姿勢

☐手を使って上半身をまっすぐにする。
☐脚を垂直に保ち、傾けない。
☐姿勢をまっすぐにするためのポイント ── 骨盤を水平にし、腰を少し伸ばす。
☐あごを引き、背筋とともに首をまっすぐに伸ばす。3本指の三脚を使う。
☐常にまっすぐな体の軸をイメージし、肩─腰─足首の点を結ぶ。
☐軸の底の足を感じ取る。

● ── 前傾

☐体の軸を常にまっすぐに保つ。

□全身一体で足首から前傾する。
□前に倒れるのを感じ取る。
□上半身が足の着地点の前にきていることを確かめる。
□前傾は車のアクセル。スピードを上げるときは、もっと前傾する。
□上半身が前に傾けば、ストライドは後方に伸びる。

●──脚と腕（下半身）

□足を上げる。
□脚を柔軟にし、その状態を維持する。
□脚を後方に振り伸ばす。
□膝を曲げ、かかとを後方で上げる。
□柔らかく着地し、足首を柔らかくして、つま先で蹴らない。静かに軽やかに走る。
□脚を回内させない。膝でリードし、仮想のロープに沿って走る。
□股関節を含む腰部全体を柔らかくする。
□ピッチを毎分170歩以上に保つ。

●──脚と腕（上半身）

□肘を常に90度に曲げて後方に振る。
□腕を上下に振らない。
□手が体の中心線を越えないように腕振りをする。
□蝶を包み込むような気持ちで、手をリラックスさせる。
□肩を下ろし、リラックスさせる。
□腕振りでピッチを調整する。

走るときに集中すること

●---

　走るときに忘れずに集中することを次に列記する。集中することに慣れるためのよい方法は、この項目の1つか2つに取り組み、はっきりと「体で感知」できるまで続けてから、その次の走りで別の集中に取り組むことであ

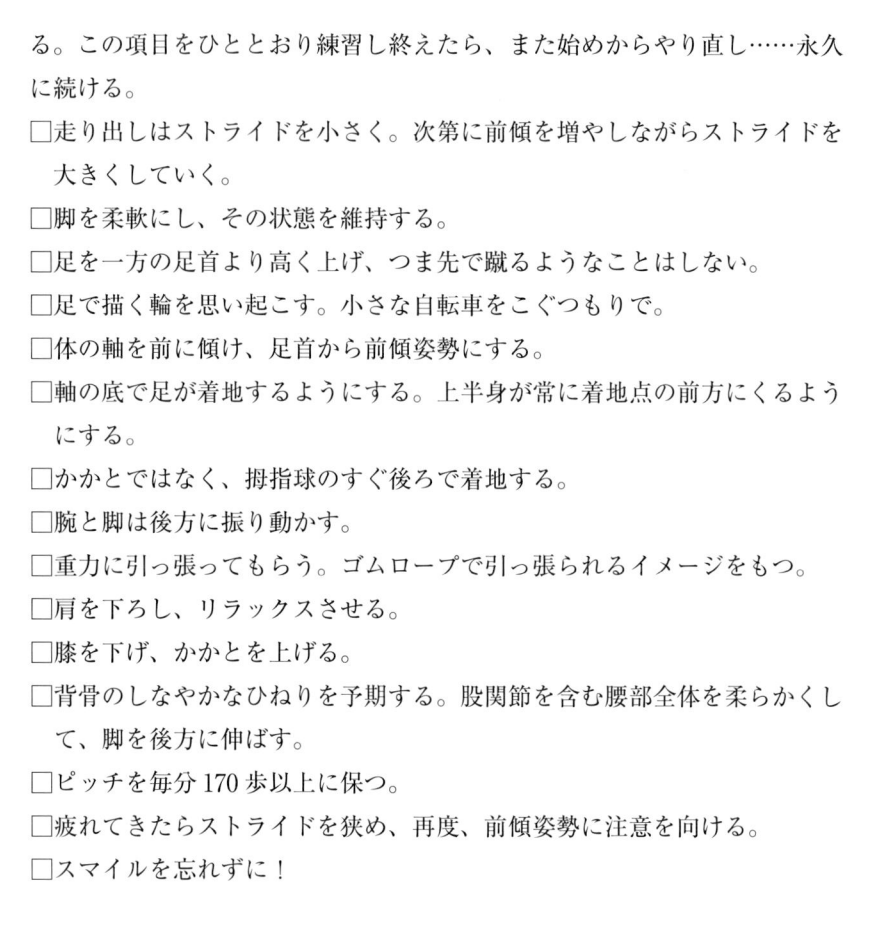

る。この項目をひととおり練習し終えたら、また始めからやり直し……永久に続ける。
☐走り出しはストライドを小さく。次第に前傾を増やしながらストライドを大きくしていく。
☐脚を柔軟にし、その状態を維持する。
☐足を一方の足首より高く上げ、つま先で蹴るようなことはしない。
☐足で描く輪を思い起こす。小さな自転車をこぐつもりで。
☐体の軸を前に傾け、足首から前傾姿勢にする。
☐軸の底で足が着地するようにする。上半身が常に着地点の前方にくるようにする。
☐かかとではなく、拇指球のすぐ後ろで着地する。
☐腕と脚は後方に振り動かす。
☐重力に引っ張ってもらう。ゴムロープで引っ張られるイメージをもつ。
☐肩を下ろし、リラックスさせる。
☐膝を下げ、かかとを上げる。
☐背骨のしなやかなひねりを予期する。股関節を含む腰部全体を柔らかくして、脚を後方に伸ばす。
☐ピッチを毎分170歩以上に保つ。
☐疲れてきたらストライドを狭め、再度、前傾姿勢に注意を向ける。
☐スマイルを忘れずに！

　考えることが多いと言えばそのとおりだが、初めて車の運転を習うときもそうだったはずだ。来週までにこれを身につけなければならないわけではないし、これらをマスターするための人生は残っているのだから、一度に全部習得しようなどと自分にプレッシャーをかける必要もない。日々少しずつ進歩していけば、幸せなランナーになれる。
　「＜気＞ランニング」フォームの重要な部分である、中心から動く走りを学び始めたばかりのところである。走る用意ができたら写真にざっと目を通し、本章を読み返してほしい。

CHAPTER 5

ランニング前後のケア

　正しいフォームの重要性を強調すればするほど、それだけフォームを正すためのトレーニングの「質」が求められることになる。それに応じるためのランニング計画の最も重要な部分はもちろん走ることだが、それに次いで重要なのがランニング前後のケアである。

　ランニング前後のケアでは、走る前の準備をし、走った後のケアをし、ポーズ（休息）を入れて次の走りに備える。そのとき、力を蓄え、次の走りをどのようにするかを考えるのである。

　走る前のポーズを入れている時間はランニングに先立って思考するときであり、どのような走りをするかという考えをまとめるときである。何に集中するか、ペースか、フォームの弱点か、脚の回復か、新しいランニングコースを探し回るか、ただシューズを慣らすだけにするか、といったようなことをあれこれ考える好機なのである。

　走った後はリラックスして走りを振り返るときである。やったことの是非を判断するのではなく、気づいたことや際立った特筆すべきことをノートに書き込むようにしたい。ランニング中あるいは後になってから不満足な走りだったと感じたとしても、必ずしも悪いことばかりではないはずだ。印象に残っているものには常に何がしかの価値があるもので、探せば教訓になるものが見つかるはずである。

　本章では、走る前の準備について述べるとともに、走った後の回復方法とその走りを次に生かす方法について述べる。それによって、心を配って走る

前の準備や走った後のケアをすることの大切さを学ぶことになる。また、ランニングを行う中でトレーニングの「質」を高めていくことについても述べる。

走る前の準備と走った後のケアを適切に行うことによって、より効果的なトレーニングになるはずだ。そればかりか、それが日常の習慣的な行いになって、ランニングと人生が結びついた尊敬に値する「よい習慣」が身につくことになるだろう。

走る前の準備

●心の準備──どんな走りをするかを考える

心の準備をしてトレーニングに入ることは、現状を把握してどんな走りをするか考えることを意味している。走りに出る準備ができたら、次は意図したランニングができるよう準備を整えることである。

- 全体像を描こう：スケジュール上のどの走りにするか？　このトレーニングの中で特にどんな面に注意を払うべきか？
- 体で感知：すなわち自分自身でチェックし、いまの状態をはっきり感知しよう。肉体的、精神的ないずれかの点で、ランニングが逆効果を及ぼすようなことがないかどうか感じ取ることにしよう。さまざまな例としては、病気、疲労、エネルギー不足、ケガ、筋肉の凝りや痛み、満腹状態、緊張や心配事、時間的拘束など、基本的にはすっきりした気分の走りの妨げになりそうなものが考えられる。
- 走りの調整：体に何か変わったことが起きて、調整が必要になったときに行うことにしよう。例えば、筋肉に凝りがあるときは、初めはゆっくり走って、痛みがなくなってからスピードを上げることが考えられる。
- 特に何をするかはっきりさせておこう：そうすればランニング中うまく集中できて、無駄のないエネルギーの使い方ができる。何に集中するか？　今回のランニングの最も重要なことは何か？　意図していることは何か？　どんな感じで走り終えたいか？

●**自分自身を注意してみよう**：定期的な間隔で自分自身をチェックしよう。私の場合、カウントダウンタイマーを5分ごとにセットしている。腕時計のアラームのおかげで集中に戻ることができる。いままで試した中ではこれが一番役に立った。最初の数分間だけチェックしてあとは忘れてしまうようでは、フォームの改造に時間がかかることになる。

● **体の準備——体をほぐす運動 他**

走りに出て、脚がコチコチになり、悪い感じの走りになったことが何度あったか？ それに答えるのに、ちょっとした秘訣がある。何かをすれば、何もしなかったときほどには悪くは感じないはずだ。ランニング中に体を大事にすることこそ、トレーニングをエンジョイし効果を最大にする最も有効な方法なのだ。そのことに気づいていない人が多い。

それでは、走りに出る前に準備することについて述べよう。

● **食　事**

走る前の食事は、少なくとも3時間前には済ませておきたい。早朝ランニングの場合、走る前に必ずしも食べる必要はない。走る直前に何も食べなくても体力は十分もつようにできているのだ。どうしても走る前に食べる必要があると思うなら少量にしておいたほうがいい。そうしないと、胸焼け、腹痛、わき腹のさしこみなどを起こすことになり、食べたものを道路に置き去りにする羽目になる。走って飢え死にをした人など聞いたことがない。私の場合、走る前に空腹感があっても、いつも初めの1～2kmでおさまる。たとえレースであっても（フルマラソン以上の距離を除いて）、胃を空っぽにして走るのがベストなのだ。前日の夜にしっかり食べておけば、起きてすぐウエアを着て、早朝ランに出かけられる。あとは、どのコースを走るかを決めるだけだ。

● **水分補給**

定期的に走るのであれば、1日を通して水分をとる習慣を身につけるようにしたい。普通の人で、1日あたり2,000～3,500calの消費を見込んで、毎日2～3ℓの水を飲むことを勧める。健康のためには、蒸留していない濾過水を主に飲むのが望ましい。他の水分もあるけれども、水分に無関係の成分を

腎臓で濾過する負担がかかることになる。脱水症状を防ぐために、走りに出る30分前に少なくとも250mlの水を飲むようにする。8〜10km以上走るときは、水を持って出るか、途中で水が飲めるコースを走るかしよう。水分を十分補給すれば、脚の痙攣を防ぎ、特に暑い日は体温の上がりすぎを防ぐことができる。

● **シューズ**

シューズはあまりきつくないほうがいい。きついものだと、足の甲に軽い痛みを感じることになるかもしれない。足を自由に動かせるようにして、シューズに縛られないようにしたい。

● **走る前に体をほぐす**

私の場合、走る前にあまりストレッチングをしないようにしているが、それは筋肉を引っ張りすぎると筋肉を痛める恐れがあると思っているからだ。ゆっくりと走り出して筋肉を10分間ウオーミングアップすれば、筋肉のストレッチングは必ずしも必要ないと思う。

走りに出る前に体をほぐすワンセットの運動を紹介する。関節をほぐすのであり筋肉を伸ばすのではないから、「伸ばす」より「ほぐす」といった感じである。実際に太極拳でウオーミングアップに使っているものだが、走る前にきちんと行えば滑らかな足の運びになるだろう。関節が柔らかくなっていれば、体の中の＜気＞の流れがよくなり、関節を曲げるのに筋肉をさほど働かせなくて済む。この運動はとても効果があるので、長年の受講生の中にはまずこの運動をやってからでないと決して走らない人がいる。

このワンセットの運動は、主として下記の関節をほぐすために行うものである。

・足首　・膝　・腰部　・仙骨（腰部にあって骨盤の後壁をつくる骨）
・背骨　・肩と首

EXERCISE

【体をほぐす運動】
- まず膝から下をよく動かしてから全身を動かすようにする。本当に関節が柔らかく感じられるようになるまでほぐそう。

【足首を回す】
- 足首の周りの靱帯と腱のすべてをほぐす運動である（図5-1）。
- 一方の足のすぐ後ろで、足をつま先立てる。つま先をつけたまま膝を使って足首をぐるぐる回し、足首を柔らかくする。時計回りに10回、反時計回りに10回、回す。足を替えて同じことを繰り返す。

【図5-1】足首を回す運動

【膝を回す】
- 膝の周りの靱帯をほぐす運動である（図5-2）。
- 手を膝にあて、時計回りに回してから反対方向に回す。それぞれの方向に10回ずつ回す。

①左　　②後ろ　　③右　　④前

【図5-2】膝を回す運動

【股関節を含む腰部全体を回す】

- やりやすくて学びがいがある運動である。股関節を含む腰部全体の靱帯と腱をほぐす運動で、ゆっくりとやればうまくできるはずだ。一段階を一度にまとめて述べることにする（図5-3）。
- 正しい姿勢でまっすぐに立ち、膝を少し曲げておく。腰部全体を柔らかくして右膝を時計方向に回す。そのとき、足裏全体を常に床につけておくようにする。左膝も時計方向に回す。両足を同時に時計方向に回すことになるが、それぞれのサイクルはシンクロナイズしないようにする（図5-3）。初めは膝をゆっくり動かすと簡単にでき、慣れてくるといつでも速くできるようになるはずだ。
- まず右膝を前方に、左膝を後方に、円を描くように動かす。そうすれば、それぞれ時計方向に回す運動になる。
- それぞれの足が1回転し終えると、初めの状態に戻ることになる。方向を変えてこれを繰り返す。
- それぞれの方向に10回、回すことから始めよう。この運動はいつでもどこでもできる。この運動によって、ランニングの動きの大部分を占める股関節を含む腰部全体が柔らかくなる。これらの部位が柔らかくなれば、滑らかにラクに走れるようになる。

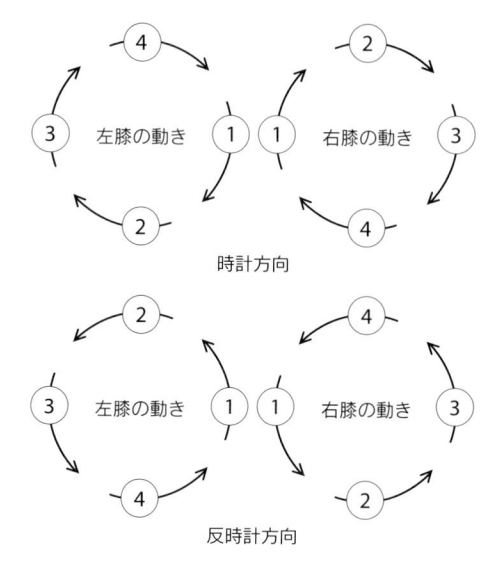

【図5-3】股関節を含む腰部全体を回す運動

【骨盤を回す】
- 仙骨の周りをほぐすのに効果のある運動で、脚の運びを柔らかく滑らかにするのに役立つ（図5-4）。
- 腰に手をあて、背筋をまっすぐに伸ばし、骨盤を前、右、後ろ、左に傾けながら回して前に戻る。10回、回してから方向を変える。スムーズに回すと腹が踊るような感じになるはずだ。骨盤を回すとき、上半身の動きができるだけ少なくなるようにする。

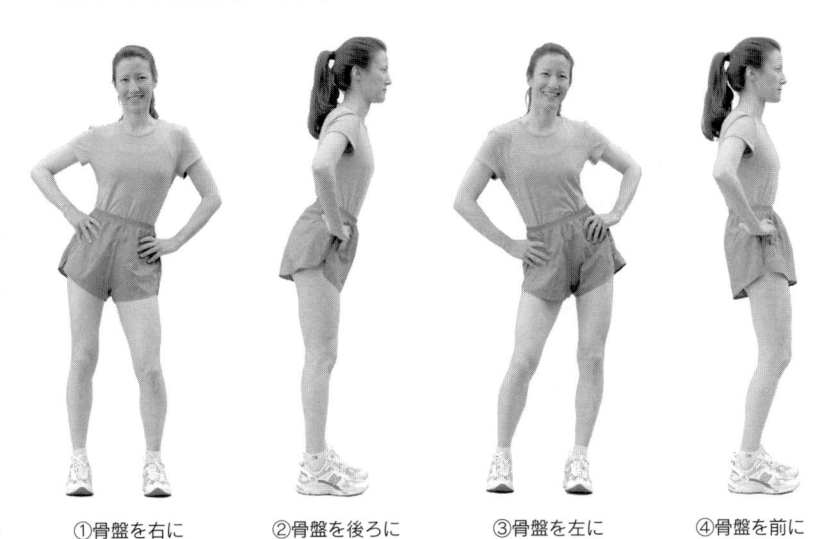

①骨盤を右に　　②骨盤を後ろに　　③骨盤を左に　　④骨盤を前に

【図5-4】骨盤を回す運動

【背骨をほぐす】
- 背骨の周りのすべての靭帯をほぐす運動である（図5-5）。
- まっすぐ立ってウエストから前傾し、上半身をまっすぐに保つ。ハムストリングの張りが限界になるまで腰で押して、背骨を伸ばすと同時に首を伸ばす（それぞれの椎骨の間に小泡が生じて背骨をほぐすことになる）。5秒伸ばしてから、膝を柔らかくして上半身をウエストからだらりと倒し、上げたり下げたりする。膝を少し曲げて、まず尾骨から始め、一度に1つ椎骨を伸ばしていき、再び垂直の姿勢に戻る。これをゆっくりと3回繰り返す。

①始めの姿勢

②ウエストから曲げ、背中はまっすぐにする

③背骨を両方向に伸ばす

④上半身をだらりと倒す

⑤背中の下部から伸ばし始める

⑥最後に頭を上げ、最初の姿勢に戻る

【図 5-5】背骨をほぐす運動

【背骨をひねる】

- 背骨の上部と肩の靱帯をほぐす効果があり、腕を柔らかく振ることができる運動である（図5-6）。
- 足をそろえて立ち、できるだけ背伸びをした姿勢をとる。頭の後ろで指を組み、肘を横に張る。骨盤を動かさずに、上半身を右に回す。上半身をひねりながら右肘を下げ、左肘は上げて上半身を横に曲げる。ひねるとき、下を向いて反対側の足のかかとを見るようにする。この状態を2～3秒保ってから始めの姿勢に戻る。同じことを左側でも行い、それぞれ3回繰り返す。

①左にひねって反対側の足のかかとを見る　　②正面に戻る　　③右にひねって反対側の足のかかとを見る　　側面から

【図5-6】背骨をひねる運動

【肩と背中の上部をほぐす】

- 足を腰幅に広げて立つ。一方の足を後ろに引いて、つま先を前足のかかととの線にそろえ（レースのスタートのように）、前足の膝を曲げ、後ろ足はまっすぐ伸ばす（図5-7 ①）。
- 前足に体重を多めにかけて、上半身を前足のほうに傾け、背骨はまっすぐに保つ。そこで、首、腕、肩をすっかりリラックスさせてから骨盤を動かし、時計回りに回してから、次に反時計回りに回す（図5-7 ②）。
- 腕と肩をすっかりリラックスさせて、骨盤の回転によって振り動かされるようにする。肘を曲げ、体の後ろに振る。そのとき、肩を引っ張らないように振る（図5-7 ③）。

- 背中の下部をひねる動きを感じ取ろう。そのようにして全身を振り動かしてから、最後は地についたスタンスにする。

①一方の足を後ろに引き、前足を曲げ後ろ足は伸ばす

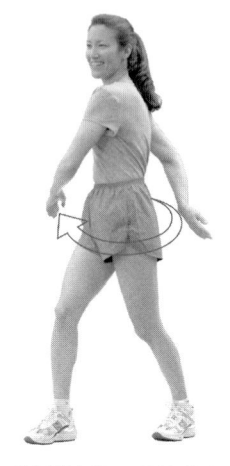

②骨盤を使って肩を振る

③肘を曲げる

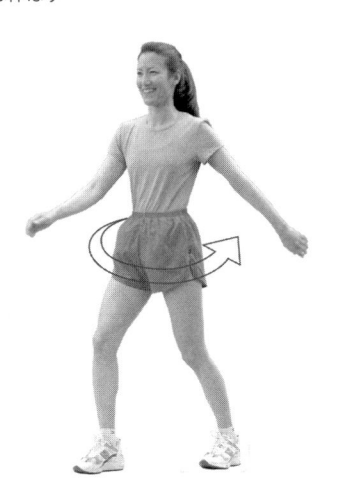

④反対方向に骨盤を回す

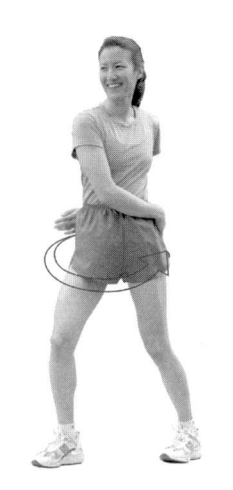

⑤肘を曲げて……スマイル

【図5-7】肩と背中の上部をほぐす運動

● 地についたスタンス

「＜気＞ランニング」では、ストライドごとに足が着地するのを感じ、体が大地に支えられているのを感じ取ることができる。走る前に次に紹介する練習をして、「地についたスタンス」で足の下の大地の力を感じ取るようにしたい。

正しい姿勢で立ち、足を腰幅にそろえる。気持ちを丹田（へそ下にある体の中心）に集中させ、膝を柔らかくして腕を下ろす。まっすぐに伸びた姿勢を感じ取ろう。同時に足底にも注意を払い、親指で地面を柔らかく押し、丹田と足を仮想のラインで結び、足で全身を支えているのを感じ取る。この練習には全身が地についているのを感じ取る効果があるので、この状態を少なくとも30秒は保つようにする。長い時間のように感じられるだろうが、地についた感じが印象に残れば、30秒は有意義なものになる。

太極拳の朱先生に、この姿勢で1時間半も立ち続けることを教わった。それを何週間も。先生の説明は、「まず全身が地についているのを感じ取れなかったら、太極拳を学ぼうと志してもろくなことにならない」ということだった。徐先生によれば、太極拳の構えの中でも最もマスターしにくいもののひとつだという。私はいまでも練習している。

大きなボールを用意することができるのなら、「地についたスタンス」をとる練習をやってみよう（図5-8）。

> **EXERCISE**
> ①まず、体の前でボールに手を巻きつけるようにして抱える。膝を柔らかくして、体重を足に落とすようにする。その姿勢を心のスナップ写真に撮って、それと体の感じを結びつけよう。
> ②その姿勢を保ったままボールを落とす。
> ③次に、その姿勢を保ったまま、腕をリラックスさせて脚の横に下ろす。これが「地についたスタンス」である。
> ④「地についたスタンス」が、動きの中でどのように見えるだろうか。左足を引き、走るように前傾すれば、それが走る姿である。「＜気＞ランニング」では、足が着地するときはいつも「地についたスタンス」になっている（図5-9）。

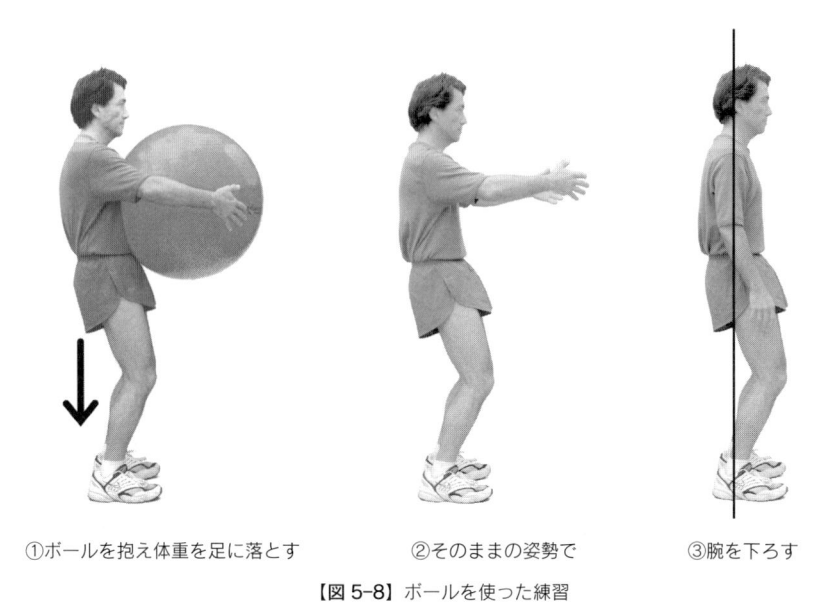

①ボールを抱え体重を足に落とす　　②そのままの姿勢で　　③腕を下ろす

【図 5-8】 ボールを使った練習

「地についたスタンス」のストライド
【図 5-9】

この一連の体をほぐす運動で体をほぐしたら、すぐに「体で感知」してどんな感じかチェックしよう。緊張、痛み、疲れ、凝りはどうか？　力みは感じられないか？　地についているか？　走り始めに何か考慮する必要があるか？

● 走り始めの心得

走り出す前にいつもしなければならないのは、姿勢を正すことだ。その場で「地についたスタンス」と体の軸を感じ取ってほしい。頭から足首までの軸がはっきり感じ取れたら、足を振り出して第1歩を踏み出そう。初めはゆっくり、呼吸を弾ませない程度のラクなペースで、つまり小さいストライドでとろとろと走ろう。走り出すときには体をリラックスさせる。何もかもできるだけ柔らかくし、リズミカルなステップでしなやかに体を動かそう。走りながらマッサージしているような感じで筋肉と骨格を振り動かすだけであって、切れ味のある動きとは異なるものだ。

十分リラックスできている感じになったら、走りに集中することを始めよう。まず、姿勢に注意を向け、それから前傾に入り、続いて肩の力を抜いて腕を振る。最後は足で輪を描くことに集中する。5分後には、滑らかに気持ちよく走っているのに気づくはずだ。ウオーミングアップができたら、徐々にペースを上げていき、好みのスピードで気持ちよく走ろう。スタートから速く走りすぎると、エネルギーの使いすぎになり、後半にはスタミナ切れになる。最後はへとへとにならず、ほどよい疲れで走り終えられるようなペースで走ることを勧める。

走り始めるとき、「徐々に進歩」の原理を実地に学ぶことになる。なぜなら、始めは小さな動きで走り出し、次第にリラックスした動きになるのを実践するからである。このような走りをすれば、ゴールに向かって次第に気持ちよくなっていくはずだ。それで何もかもうまくいく。つまり、股関節を含む腰部全体は柔らかくなり、ピッチは安定し、呼吸は落ち着き、筋肉は酷使されず、スタートしたときより元気が出た感じになるはずである。

走った後のケア——回復と評価

●---

　走り終えた直後。ほどよく疲れたそのときこそ、次の活動に向かって動くときである。まさに次の走りに向けて準備を始めるときである。クレージーと思われるかもしれないが、そうではない。

　いい走りをするためには、走るのが明日であれ、その次の日であれ、来週であれ、脚のケアをして回復を早くさせることが大切であり、それが最も自分のためになるのだ。庭師が使った後の道具の手入れをし、大工がその日の仕事を終えて道具箱に道具をきれいに戻すようなものだ。どちらの例も再び仕事を始めるとき、すべてが整っていて持ち越されたものが何もなく、フレッシュな気持ちで仕事に取りかかれることになる。また、ランニング中にも脚に十分意識を配ることによって、次のランニングの質がさらに向上することになるはずである。

　走った後のケアのテーマは「回復」と「評価」である。走った後は体を休ませることに努め、肉体的に回復して元気を取り戻し、すっきりした気分で次の活動に入れるようにしておくのがいい。精神的な面については、どのような走りであったかを評価する。すなわち、何が得られたか、どんな感じだったか、何を学んだか、何がよくて何が悪かったか、次回はどのように変えればいいかといったことを考え、まとめておくようにする。

　自然界の事象が繰り返されていくように、ランニングも準備、行動、回復、休息の繰り返しである。季節の移り変わりがそのモデルになる。春は準備のとき。種をまけば、春の雨で大地が潤される。暖かくなって発芽し、真夏の日差しを受けて成長し、実をつける。夏の雨があがり、秋になって日が短くなると実が落ち、春には生き残った種から芽が出る。落ちた葉は植物の生育に役立つ養分になる。冬が来て、万物が雪と暗闇の毛布の下で休息し、春の雪解けを待って、再びこのサイクルが始まる。十分練り上げたランニング計画もこれと変わりはない。自然界のサイクルがとてもうまく回っているのであれば、この知恵を借りない理由はない。

　季節の移り変わりで思い起こすのは、友人と家族で祝う夏至と冬至、それ

に春分と秋分である。そのとき自然界で起きたことに対し、簡単な儀式をして祝っている。

　気づいていようといまいと、人それぞれ儀式のように日常において習慣的なことをしている。車を洗うことから、寝る前に温かいミルクを飲むことに至るまでさまざまだ。私は走った後のケアを儀式のように日常の習慣として楽しんでいる。

　そこで、走った後のケアについて述べることにしよう。

●回復に向けて──ストレッチング 他

●走り終えて

　走った後は、次のトレーニングに備えて脚をリフレッシュさせるための最も大事なときである。車に飛び乗ってイベントに出かけたり、強張った脚で歩き回ったりしないようにしたい。ランニングから休息に切り替えて、少し休む時間をとる。

　クーリングダウンとストレッチングを行えば、余分な乳酸を血液の流れの中に送り込んで除去することができる。乳酸が体内に残っていると、固まって悪い影響を及ぼすことが研究で示されている。

●クーリングダウン

　仮想のフィニッシュラインを越えても、すぐに止まらないようにしよう。走るのをやめずに、スピードを落としてラクなペースでジョギングをする。そうすれば、筋肉が温まった状態で体内の新陳代謝が行われやすくなる。リラックスしたペースで5分間ジョギングしてからゆっくり歩く。それから数分かけて、いまの状態がどんな感じか、「体で感知」する。くたくたに疲れるのではなく、ほどよい疲れの感じになるくらいの走りが望ましい。呼吸と心臓の鼓動がほぼ通常に戻るまで歩くようにする。

●ストレッチング

　私の場合、走る前にストレッチングはしないが、走った後は必ずすることにしている。ケガを防ぐストレッチングのガイドラインを次に述べる。正しく行えばヨガに似たものになるはずである。

　・注意深く体に聞きながら行う。

・筋肉を傷めるほどストレッチングをするのではなく、穏やかに優しくストレッチングをするほうが効果的である。
・リラックスして、伸ばし始めるたびごとに息を吐くようにし、それぞれのストレッチングは少なくとも30秒は保持する。「体で感知」すれば、どれくらいストレッチングをすればいいか、どの程度やればいいか、知らせてもらえるはずだ。

【1a：ふくらはぎのストレッチング】

壁に寄りかかり、一方の足を後ろに引いてかかとを床につけ、もう一方の足は壁の下の床につけ、骨盤を壁に向かって動かす（図5-10）。これは後ろ足のふくらはぎの筋肉のストレッチングになる。10数えて保持し、それぞれの脚で3回繰り返して行う。

【1b：アキレス腱のストレッチング】

同じ姿勢から、後ろ足の膝を前足のかかとに向けて下ろす。10数えて保持し、それぞれの脚で3回繰り返して行う。

【2：腰の筋肉と上部ハムストリングのストレッチング】

いすの上に片方の足を置き、かかとに向けて骨盤を動かす（図5-11）。10数えて保持し、それぞれの脚で3回繰り返して行う。そのとき、体幹を垂直に保っておく。

ふくらはぎとアキレス腱のストレッチング
【図5-10】

腰の筋肉とハムストリングのストレッチング
【図5-11】

第5章 ランニング前後のケア

【3 a：ハムストリングのストレッチング】

　腰の高さの台や机などにかかとを乗せる。両膝と背骨をまっすぐに保って、上げた足に向けて体幹を曲げる。ハムストリングが耐えられるだけ曲げる（図5-12）。10数えて保持し、それぞれの脚で3回繰り返して行う。

【3 b：内転筋のストレッチング】

　脚を上げた状態を保って、体を90度曲げ、脚を体と同じ方向に向ける。背骨をまっすぐにして、支えている脚のつま先に手が触れるように体を曲げ

【図5-12】ハムストリングのストレッチング 　　【図5-13】ハムストリングと内転筋のストレッチング

【図5-14】大腿四頭筋のストレッチング

る（図5-13）。10数えて保持し、それぞれの脚で3回繰り返して行う。

【4：大腿四頭筋のストレッチング】

　左足を床につけ、右手で右足首をつかみ、かかとを引っ張り上げる。膝も一緒に引っ張る（図5-14）。左手を頭上にまっすぐ伸ばす。これは大腿四頭筋をストレッチングするだけでなく、バランスを保つのに必要なインナーマッスルを鍛える運動にもなる。

　さらにストレッチングをしたい人は、この姿勢を保ったまま骨盤を上げるといい。10数えて保持し、それぞれの脚で3回繰り返して行う。

【5：広背筋のストレッチング】

　肩甲骨下部の筋肉のストレッチングである。両足を大きく広げてまっすぐに立つ。親指を上にして腕を横に広げ、水平に保つ。そのまま上半身を横に傾け、腕が垂直になるようにする。すなわち、片方の手は下に、もう一方の手は上になる。10数えて保持し、両サイドで2回繰り返して行う。ヨガでは「トライアングル・ポーズ」と呼ばれている。

● 体の温水浴

　トレーニングの後は入浴を勧めたい。脚を温水に浸すと、筋肉を温めリラックスさせて正常な状態に戻す効果があるからである。毛細血管が開放され、筋肉中の新陳代謝性の老廃物が血液の流れの中に入り込みやすくなる。シャワーはあまり効果がないが、脚のためにはしないよりはましである。

　走った後、脚を温めたほうがいいか冷やしたほうがいいか、議論が分かれているようだ。炎症があれば冷やすほうがいい。理由は、痛めているところへの血液の流れがよくなるからである。しかし、痛めたところがなければ、冷やすのは道理に合わない。なぜなら、筋肉を引き締めて新陳代謝性の老廃物を閉じ込めることになるからである。風呂に入ってから冷水に浸すのもいい。リフレッシュできた感じになり、次の活動で脚の動きがよくなりそうな感じになる。

　走った後の入浴は、私の日常の習慣的行為になっている。ペースが速く、何かと多忙な世の中。とにかく風呂はくつろげる。

● 脚の血液を入れ替える

　風呂からあがったら、あお向けになって3〜4分、脚を壁にもたせかけよ

う（図5-15）。3分間、目を閉じて全身をリラックスさせる。それから手で濡れタオルを絞るように、足首から心臓に向けて脚を絞っていく。そうすると、脚から血液を排出できて、立ち上がったとき新鮮な血液と入れ替わることになる。走った後に脚の血液が"きれい"になっていなかったら、次に走るとき前回の疲れを持ち越して走ることになる。

　これはストレッチングまたは入浴の直後に行うことを勧める。立ち上がったとき、脚が明らかに違った感じになっているのに気づくはずだ。脚に疲れを感じたときに行ってほしい運動であり、脚をよく使う人には特に勧めたい。

　1平方メートルほどのスペースと壁があれば、数分間で脚がリフレッシュできるのだ。びっくりするほどの効果がある。

● 走った後の食事

　走った後に空腹を感じても、少なくとも45分から1時間経ってから食べるようにする。心拍、呼吸、体温が正常な状態に戻ってから食事をするようにしたい。時間が経てば、食卓に座ったときに落ち着いて十分に栄養をとることができる。

　激しいトレーニングをした後にとる2回の食事は、筋肉の細胞をつくるの

脚の血液の入れ替え
【図5-15】

に必要な良質のタンパク質を多く含む食物をとることを勧める。また、新鮮で豊富な緑黄色野菜のサラダは体内のミネラルを取り戻すのに適している。

● 水分の再補給

走った後は水をたくさん飲むこと。「のどが渇く前に飲む」が鉄則。のどが渇いた状態で走り終えたのであれば、飲み足りなかったことを体が知らせていることになる。トレーニングの後は少量ずつ水を飲みながら、のどの渇きがおさまるまで水分を絶やさないようにしよう。ソフトドリンクに手を出す誘惑に駆られたら、次のことを思い出してほしい。腎臓はすでにランニングで長い時間働きすぎてストレスがたまっているのだから、化学品や糖類を大量にとってつまらないことでこれ以上働かせるのは少々アンフェアだ。水または甘味料の入っていないフルーツジュースだけにすれば、腎臓がとてもラクになる。

ランニング中および走った後に体をいたわればいたわるほどその報いは多くなり、長年にわたってトレーニングを楽しむことができる。そのうえトレーニングのレベルと質が向上してくることに気づくはずである。

● ──走りを顧みて次に生かす

● 走り終えて顧みる

走り終えて顧みることをぜひ勧めたい。走り終えたときは、「体で感知」を実践する大事なときであり、走りからできるだけ多くのデータを集めるときである。まずは、走り始めと走り終わりの感じを比較するだけにしたい。このデータは、体にとってベストのランニング計画を立てるのに役立つ。20冊の本よりもランニングについて教えられることが多いはずだ。長すぎたか、速すぎたか、体が知らせてくれる。脚の疲れがあれば、次回は膝から下を柔軟にして走る必要があること、距離を短くする必要があるかもしれないことなどを知らせているのだ。

また、特定の筋肉に痛みがあれば、効率の悪いフォームになっている部位、次回リラックスさせるべき部位などを知らせてくれていることを知ってほしい。

第5章 ランニング前後のケア

● ランニング記録／日誌

　ランニング記録をとること。徹底するのを望むなら、日誌をつけることを勧める。
　記録をとることが役立つ理由を列記する。
　・トレーニング計画をやり通しながら、進歩の跡をたどることができる。
　・トレーニング計画のスケジュールをチェックできる。
　・故障の跡をたどることができて、トレーニングの間違いを避けることができる。
　・週間走行距離を記録しておけば、パーティーなどで他に話題がないとき役に立つ。
　・ランニングスケジュールの中でこなしていないものがわかって、適切な調整ができる。
　・このすばらしいことを始めて以来、どれほどのことを続けてきたのかを知ってポジティブな気持ちになれる。
　記録することは以下のとおりである。
　・日々と週間の走行距離
　・トレーニングの平均ペース
　・インターバル数とスプリットタイム（同一コースの場合）
　・トレーニングの後、「体で感知」した結果
　・痛みについて、部位と度合い、そのときどのようなことをしていたか
　・「＜気＞ランニング」テクニックで走って体得した特記事項
　・シューズの使用時間

＊

　ランニング前後のケアのキーワードは「留意」である。ランニング中に気をつけていれば、現にトレーニングしているときに回復に向けて十分な用意ができていることになる。留意してランニングに取り組めば、おのおののトレーニングとランニング前後のケアが自分流の儀式のようなものになる。それは中身のない形式的なものではなく、意図と深さが感じられる生きた儀式なのである。
　心身両面のケアをすることによって、ランニングスキル以上のものを学ぶ

ことになる。注意深さが養われ、「いま」「ここ」、すなわちいまのこの瞬間を大事にするようになり、人生に役立てられるはずである。

　「＜気＞ランニング」テクニックは、走っているときに体に敬意を表し、体を大事にする走法である。同時に、ランニング中、体に敬意を表すのがケアでもある。走ることとケアすることに気持ちを集中して取り組んでいるうちに、自分流の儀式の中で運動と回復のサイクルが自然に循環するようになり、計画をやり通すことができる。

　こうしたランニングの取り組みをすれば、集中とリラックスが相まって人生に役立つことにもなる。実際、集中とリラックスは両方とも私の成長にとても役立っている。

CHAPTER 6

トレーニング計画
──進歩に向けて

　集中してフォームを正すための取り組みを続けることによって、ランニングを進歩・向上させることができる。何十分かを走るビギナーであれ、時間単位のマラソンランナーであれ、「＜気＞ランニング」テクニックを身につけるプロセスの最も大事な部分は、長期にわたってフォームに集中して取り組むことである。その取り組みにあたっては「＜気＞ランニング」の原理に基づいてよく練られたランニング計画が必要であり、それができて初めてケガをすることなく進歩・向上させることが保証される。

● まずフォームを正す

　「＜気＞ランニング」を進歩・向上させる秘訣は、トレーニングを行う際に「フォーム」「距離」「スピード」の順序を守ることであり、この順序はこの走法特有のものである。この3段階の進め方で取り組めば、ケガをすることなく徐々に進歩していくことが保証される。なぜなら、パワーランニングの考え方──「苦しまずして前進なし」の犠牲にならず、オーバートレーニングでケガをするような羽目に陥らなくて済むからである。

　何はさておき、まず「フォーム」を正すことだ。長期にわたってフォームに集中して取り組むことによって、強い中心ができると同時に、中心以外の部位は柔らかくなりリラックスできるようになる。それとともに、長い距離を走るための基礎ができることになる。また、長期にわたってフォームに集

中して長い距離を走ることによって、あまりきつさを感じない状態で速く走れるようになる。これは効率的なフォームで走ることと長い距離を走ることとが相まって得られるものである。だが、スピードを優先し、効率的なフォームや長距離走をないがしろにすればケガに遭遇し、ランニング計画全体がつまずくことになる。

世の中にはさまざまなタイプのトレーニングプログラムがランナーの数ほどある。それぞれベストのプログラムだと公言してはばからず、速く走れるようになり、体型がよくなり、フルマラソンを走れるようになるという。トレーニングの秘訣はクッキーのレシピのようなもので、言われるとおりに作ればクッキーはできる。だが、10人が同じレシピに従って作っても、できたクッキーは10種類になる。つまりレシピは一般的なガイドラインにすぎないのだ。

それに代わるものとして、本書ではトレーニングに取り組むにあたって役に立つガイドラインを提示するつもりでいる。本人が積極的な当事者になって、現状を把握して判断し、他人の考えではなく自分のニーズを満たすプログラムを自分自身でつくることになる。

フォーム、距離、スピードの3段階で進歩

「＜気＞ランニング」テクニックの進歩の原理を、ピラミッド型の原理図で説明しよう。

図6-1に示すように、フォームがピラミッドの基礎になり、上段の距離とスピードを支えている。つまり、しっかりした基礎ができて初めて上にものを築くことができることを表している。正しいランニングフォームというしっかりした基礎ができれば、のちのち頼りがいのあるものになる。長距離ランニングにおけるしっかりした基礎はエネルギー効率がすべてであり、「＜気＞ランニング」において、その効率はフォームによってもたらされるのである。

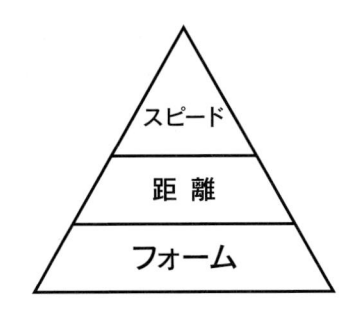

【図6-1】「＜気＞ランニング」テクニックの進歩の原理

● ――フォーム改造

　「＜気＞ランニング」を始めるにあたって留意すべきは、何はさておきフォームを正すことに取り組むことだ。ビギナーの場合は、主にフォームをつくることから始め、徐々に距離を伸ばしていく。ベテランランナーの場合は、2〜3ヵ月はフォームを磨くことに専念し、ペース走、長距離走、レースなどは控えめにするのが賢いやり方だろう。それらを犠牲にするだけの価値があることを信じていただきたい。

　そこで、長期にわたってフォーム改造に取り組んだ男子プロゴルファー、タイガー・ウッズの物語を紹介しよう。2000年8月14日発行『タイム』誌の記事を基にして述べていく。

　1997年、タイガー・ウッズは盛りの20歳、全英オープン、USオープン、PGA選手権、マスターズ、と次々に優勝した。それにもかかわらず、自分のビデオを繰り返し見た結果、多くのトーナメントで勝ったとはいえ、スイングをかなり大幅に改造する必要があるとの結論に達した。「自分のスイングには本当に失望した」との言葉を残して。

　コーチはウッズに言った。「やればできるが、しばらくはトーナメントに勝てる望みはなくなるだろう」。事実、コーチによれば、以前はよかったスイングが悪くなってきていたらしい。時間がかかってもスイングを改良するのが唯一の道だと悟ったウッズは、あえてリスクを負ったのである。

　スイング改良に取り組んだ19ヵ月の間、出場した19のツアーのうち優勝

したのは一度だけだった。「タイガー・ウッズはどうしたんだ？ あんなによかったのに」と誰もが口にした。マスコミは「線香花火みたいなもの」と書き立て、ファンの間にだんだん失望が広がっていった。

　1999年5月のある日、バイロン・ネルソン・クラシックに向けて準備をしているとき、ついにウッズはスイングに何かが起きたのを感じた。それはまさしく探し求めていたものであり、いわば歴史に残るものだった。そして、その後の14の試合で続けざまに10回の優勝を成し遂げ、続いてゴルフのグランドスラムを24歳にして勝ち取った。

　長い目で競技生活を見てゴルフに取り組むことにし、スイング改良を目指して肉体的、精神的にパワーになると思われるあらゆるものの細部に気を配りながら、スイング改造に取り組んだ努力の結果が実ったのである。「＜気＞ランニング」の2つの原理、「徐々に進歩」および「うぬぼれは禁物」が浮き彫りになってくる。

　ウッズがこれまでのキャリアを棒に振るようなリスクを冒し、あえてスイングを変えたことを考えれば、あえてペースを落とし、しばらくはレースを諦めて長期的にランニングフォーム改造に取り組むことはランニング人生を長持ちさせることになるはずである。

●――距離――正しいフォームを身につける

　ある特定の距離を走りたいと思っている人は多い。自分もそうだったので、それには敬意を表する。だが、ここで言う「距離」は目的ではなく、手段として重要なのだ。気持ちを集中させて自分の体のことをよく知るための手段としての「距離」を取りあげている。

　心霊術の先生から聞いた話だが、新しいことを習慣づけたければ毎日繰り返して40日間は続けるべきで、そうすれば意識の中に深く染み込ませることができるはずだという。「＜気＞ランニング」において「距離」は手段であり、ランニングにおける有益な習慣を新たに身につけるためのものだ。つまり、長い時間、あるいは距離を通して、繰り返しフォームに集中し続けることによって正しいランニングフォームが身につくことになるのである。

　「＜気＞ランニング」のゴールは、長い距離を走ることではない。正しい

フォームを保ちながら長く走ることがゴールである。10km走ることができたとしても、途中でひどい痛みでもあれば、しばらくはもう二度と走りたくないと思うだろう。このような走りにどんな価値があるだろうか。「＜気＞ランニング」の真価が問われるのは、どれだけ長くランニングフォームを正しく保ち続けられるかである。それは走る量ではなく、走りの質の問題なのである。

　心と体がひとつになるとき、ベストの動きになる。心が案内して新しい習慣を導き入れ、体が長期にわたってそれを繰り返し続けることによって、「決まりきったやり方」を新たに覚え込むことになる。正しい動きをしているのが感じられるようになると、やがてそれが有益な習慣になって身につくことになる。長い距離を走っている間に試されるのは心の働きである。心がよく働けば、体は何をなすべきかを知って、長い距離を効率よく走ることができるはずである。

　まずは、できるだけ集中するよう心に命じることだ。そうすれば体に指示することができる。新しいフォームに気持ちを集中するにあたって、当然のことながら走っている間、心は集中したり注意をそらしたりする。気が散ると、心が集中し直すまでは注意をそらしたままになる。だから、注意がそれているのに気づかせるための工夫が必要になる。

　私が利用している合図について、次に述べよう。

- **距離標識**：ランニングコース上の距離を示す標識や目印になる物を通過するたびに、思い出して集中し直す。
- **友だち**：事前に何に集中するかを一緒に走る友だちに知らせ、走っている間にそれを思い出させてもらうよう頼む。
- **カウントダウンタイマー**：私の愛用するやり方である。タイマーを5分ごとにセットし、アラームを聞いて集中することに注意を戻す。
- **給水で止まるとき**：水を飲むために止まったとき、レースであれ走りに出たときであれ、走り始めの集中の状態に再び戻る。

　例えば、走っている間ずっと姿勢に集中するつもりで走りに出るとする。姿勢を整えてから走り出し、姿勢をまっすぐに保つことに集中する。2kmほど走って、姿勢をまっすぐに保つことを思い出し、過去数分間そのことを

考えていなかったことに気づく。でも心配無用。もともと心はさまようもの。集中するための訓練をすることが大事なのだ。集中することに注意を戻せば、必要な体の調整をしながら走り続けることができる。集中に戻るたびにそれを維持しようと気持ちを新たにし、繰り返し思い出せばそれだけ長く集中できてトレーニングが進むことになる。これは、瞑想のインストラクターの教え方と何も違いはない。座って吐く息をじっと見ていれば、それが集中になる。心がさまよっていることに気づけば、考えていることをやめて心を息に戻すのだ。「＜気＞ランニング」の集中は、走りの中で瞑想するようなものだ。長い距離を走っている間、集中し続けられるよう学んでいくうちに、集中したい２つ目のこと、３つ目のことに取り組めるようになって、ゆくゆくは同時に多くのことに集中して走れるようになるはずである。

● ── スピード ── 花を添えるもの

　スピードなどどうでもいいと思うほど、私はランニングが大好きだ。面白くてうきうきした気分になる。読者諸氏も正しいフォームが身につけば気持ちよく走れるようになり、気持ちよくトレーニングが続けられて、スピードが出るようになってくるはずだ。

　次に紹介する４通の手紙は、速く、しかもラクに走れるようになった喜びを表した生徒からのものである。

　初めはトライアスロンのランが怖くなり、教室に来てそれを克服したトライアスリートからの手紙である。

ダニーへ
　金曜日にランで「大躍進」したので、それをお知らせしたいと思います。ご存知のように当日はこのうえなくすばらしい天気だったので、マウント・タム（10kmで800m上る急勾配）を積極的に駆け上がることにしました。初めはシェーバー・グレートまで１時間30分前後で走るつもりでしたが、２つのことで予定が劇的に変わりました。
　１つ目は、太陽が降り注いですばらしい気分になり、限りないエネルギーが与えられたことです。

2つ目は、先生のレッスンで学び補強したテクニックの成果が現れて、体が軽く感じられたことです。大地を蹴っているのではなく、大地をちょっとの間「借りている」かのような感じでした。エルドリッジ・グレードを上ってイースト・ピークまでずっと、かなりの速さで走りきりました。頂上で10分ほど休んだ後で少し疲れを感じたので、下り坂に耐えられるかどうか心配になってきました。駐車場から下り始め、エルドリッジ・グレードへ向かい、先生が教えてくださったこと（ふくらはぎを使わないこと、腕を振ること、体重を前に移すこと）を再び考えているうちに、突然、エルドリッジ・グレードの危険な岩の上を滑っていくような走りになり、まるで神が乗り移ったような感じでした。インディアン・ファイアー・ロード交差点まで下ったときにはもう疾走に近い走りになり、そのままナタリー・コフィン・グリーンのゴールゲートを駆け抜けました。2時間半前のスタート時よりも強くなって、自分の思いどおりになるのが感じられる状態で走り終えることができたのです。

　今シーズンはいつもランが弱点でしたから、ランニングに重点を置いていました。最近の6ヵ月はこれまでになく走り込みをしたので、ある程度の躍進は当然だったかもしれません。でも、今度の走りで予想を上回る大きな成果が得られ、「＜気＞ランニング」の要素が結集して、ランニングの理想の境地に達した感があります。一度は恐れをなしたトライアスロンのランが好きになったとまでは言うつもりはありませんが、今回のような走りがもっとできるようになりたいと思います。アスリート（また個人としての）人生のハイライトを迎えることができてとても感謝しています。

エヴァンより

次の手紙は、1時間だけコーチをした人からのものである。

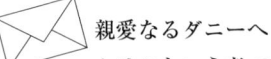

　親愛なるダニーへ
　クリスという者ですが、先週の火曜日の朝、先生のレッスンを楽しく受講させていただきました。「＜気＞ランニング」に入門させていただいたことは、人生が変わるほどの体験でした。とてもよく理解できて、私と同じくらいランニングを愛好する人にとってもそうでしょうが、これからの人生のためにケガなく走れそうなビジョンを与えていただきました。
　「＜気＞ランニング」でケガを防ぐことができそうな気になってエキサイ

トしただけでなく、受講して以来、驚くほどの成果をあげています。うまくできていないのは確かですが、行ったことからはすばらしいものを得ています。いつもは走り終えたとき、ふくらはぎや太ももが堅くなって、ストレッチングするととても強張っているのを感じました。いまでは筋肉の痛みはほとんど感じません。走った後もまだ元気が残っているような感じです。

　本当にびっくりしているのは、タイムがよくなり、走れる距離が伸びたことです。何もかもが新鮮で、集中し……いつもしていた努力を別の方向に向け、上下に動く走りはせず、ただ前傾するだけ。その成果は、ペースがはっきり上がっていることに現れています。いつもは普段のランニングのリラックス状態でキロ5分のペースだったのが、4分20～30秒のペースになったのです。これまで普段のランニングでは、いつも同じ時間に走り終えるように距離を合わせてきましたが、「＜気＞ランニング」で長距離走に耐えられるかどうか試そうと思って週末に20km走ってみました。ところが、1時間28分で走ることができ、以前より12分も短縮できたのです。もう最高の気分でした。今日もトラックを走ったのですが、以前の走り方よりもがんばらない走りだったのに、キロ4分20秒のペースでした。

　ありがとうございました。ダニー、お元気で。

クリスより

　次の手紙は「＜気＞ランニング」のフォームの講習1日コースに参加し、翌日ハーフマラソンを走ると言っていた女性からのものである。彼女には「心配しないで、体に聞いていい走りをしてください」と話した。保育園で働く母親で、気晴らしに走るランナーだった。結果報告の手紙を紹介する。

　こんにちは、ダニー

　先週の土曜日、UCLA（カリフォルニア大学ロサンゼルス校）での先生の講習会に参加させていただきました。日曜日にハーフマラソンを走って、"すごいこと！"をやりました。土曜日に両足のふくらはぎに違和感があって、レース当日に向けて痛くなってきました。当日は本当にゆっくりスタートし、ずっと体に話しかけ、「＜気＞ランニング」テクニックをいくつか実行し、動きを楽しみました。どうなったと思いますか？　なんと、13分も自己記録を更新したのです（マイルあたり1分も）。予想以上の走りができ

ましたし、いつの間にか脚が温まって痛みがなくなっていました。

　　　　　　　　　　　　　　　　　　　　　　　　　　　シェリー

　次の手紙は、スピードにこだわらなければ、いかに楽しみながら速く走れるかを示す例である。以前30分以上走るといつも脚がひどく痛くなると言っていた人からのものである。

　　こんにちは、ダニー
　グッドニュースをお知らせしたくてこの文を書いています。およそ2週間前、市のハーフマラソンを走りました。走っていて役立ったことは、できるだけ足の運びを軽やかにすること、肘を曲げて正しく振ること、とりわけ重要な前傾をすることでした。そして、さらによいことがありました。以前の2時間39分から2時間13分に26分もタイムがよくなっていたのです。とても感謝しています。先生のおかげで、ランニングは楽しいもので苦しいものではないことがわかりました。完走までは長い道のりでした。マイル表示に向けて走ったのですが、少なくとも表示を見るのを楽しんで走りました。
　本当にありがとうございました。

　　　　　　　　　　　　　　　　　　　　　　　　　　　アニル

　「フォーム」「距離」の次にくる進歩が「スピード」である。なぜなら、スピードは先輩格の「フォーム」と「距離」の両方の質に完全に依存しているからである。スピードは必要なことに集中して正しい動きができるようになったときの産物として得られるものである。必要なトレーニングを積めば、テクニックに支えられてスピードが上がることになる。このことは、前述のピラミッド（しっかりした基礎をつくること）に相当する（103ページ参照）。成果（スピードアップ）は基礎（テクニック）に支えられているのである。
　「＜気＞ランニング」においてスピードは、脚力で推し進めることによって生じるのではなく、どれだけ集中しリラックスさせられるかの度合いにかかっている。スピードだけをトレーニングの目的にしたのではうまくいかない。速く走って楽しむことはできるが、それは必要なプロセスを十分にこなして成果が得られた場合のことである。

ランニング計画を立てる

ここでは、レベルを問わず、真に読者の役に立つランニング計画が立てられるよう手助けをするために紙面を費やすことにする。

よい計画を立てるとき、考慮に入れるべきことを列記する。

①現状を把握する
②抱負を抱く
③これからの人生に向けて
④それぞれの走りの細目

この4つのステップを踏めば、よく練られた包括的な計画を立てることができて、それが系統だった一連のものとして、ニーズと能力に適合したものになるはずである。

また、ランニング日誌をつけて、これからの走りに役立つことを記録したい。第5章（99ページ参照）で述べたように日誌はさまざまな役割を果たしてくれるはずだ。

・どの状態から始めたかという記録があれば、始めに戻って、これまでに起きた変化を調べることができ、動機づけになる。

・繰り返し生じる問題について書き留めておけば、何がうまくいって何がうまくいかないのか、何に集中する必要があるのかなどがわかってくる。

・意図したこと、過去のこと、現在のことなどを書き留めておけば、現在、集中していることをなぜ選んだのか思い起こすことができる。これによって、フォーム改造のプロセスの跡をたどることができる。

・書き留める過程で本当に必要だと思うことに言及し、それを確認することができる。

●――現状評価

計画を立てるときに大切なのは、どの状態から始めているかを正直に評価することである。そうすることによって、ランニングに関して何ができて何ができないかがわかり、錯覚をなくすことができるからだ。言い換えれば、

いまの状態からスタートするのであり、別の状態からスタートするのではない。一歩進んで三歩下がるような目に遭いたい人はいない。だから時間をかけて、いまの体の状態と前向きの姿勢を評価すれば、やり直しやつまずきを最小限に抑えられる。盛りだくさんのランニング計画を考え出すことはできても、現在の状態を考慮していなければ、ある面で野心的すぎたり、時間の無駄になったり、現状の能力を超えたものになったりすることになる。

そこで、体、心、「＜気＞ランニング」スキルの３つの面について評価することにしよう。

１　体の評価

計画を立てるにあたって自問自答する項目を述べる。この質問がガイドラインになり、体の状態に特定して評価することになる。自分だけが見るものなので、できるだけ正直に答えよう。

- いまの体の状態は？（太りすぎ、ぜんそく、医者からの注意事項、高血圧、など）
- どこかに痛みがあるか？
- どこかに故障があるか？
- 毎週何分走っているか？（距離ではない）
- いままで最も長いランニング時間は何分か？

２　心の評価——思いとフィーリング

次の質問についてよく考え、頭に浮かぶことをあげてみよう。計画に関する思いやフィーリングをはっきりさせておけば、ニーズに合ったランニング計画が立てられる。

- ランニングが生活の中でどれほどの割合を占めるのを望むか？
- 何のために走るのか？
- ランニングに何を求めるのか？
- グループで練習するのを好ましく思うか？　それとも、ひとりで？　パートナーと？
- 自ら進んで行えば、トレーニング計画がうまく続けられると思うか？

・ある距離やペースを達成したいと思うか？
・トレーニングの目標となる特定のレースがあるか？
・ランニングで何が怖いか？

3 「＜気＞ランニング」のスキルの評価

　第4章を読んで「＜気＞ランニング」テクニックの練習を始めたなら、4〜5回走ってから、この走り方での自分の強みと弱点を評価してほしい。

　例えば、前傾は自然にできても、リラックスは難しかったかもしれない。評価するのは走った直後が最適であり、いつも行うようにする。また、ランニング日誌をつけ、特にうまくいったこと、ある程度の難しさを感じたところなど、思い描くことを書き留める。このようにしてスキルの現状を一貫して評価すれば、スキルの向上につながるはずである。

　私はいつも少なくとも1つは集中することを決め、ランニング中に注意を払うことにしている。その一例をあげてみよう。

　本書を執筆している3週間もの間、何時間も続けてパソコンに向かって座っていると、背中の下のあたりが痛くなってくる。そうなると、いつも走りに出て、骨盤と仙骨をリラックスさせることにずっと集中する。下り坂を走ると骨盤と仙骨を回す動きがよくなるので、知っている限りの長いだらだらした坂道に向かって走る。時間をかけて坂道を上り途中で引き返して下りに入り、ストライドを大きくして骨盤と仙骨をリラックスさせる。3〜5km下って家に帰ると、リラックスできていて、パソコンに向かって仕事をする用意ができて……問題解決。

　本章の終わりで、さまざまなタイプのトレーニングについて述べ、それぞれのトレーニングに最も適した集中の対象を特定してリストアップしている。集中することが1つでも見つかったら、特にそのことに注意を払って走るようにしてほしい。そして、それを繰り返すことが体に覚え込ませる一番よい方法であり、習得の早道である。

　そこで、「＜気＞ランニング」の自分のスキルの現状を評価してみよう。

自問自答

▶フォームのどこに集中するのが一番難しかったか？
▶「＜気＞ランニング」テクニックの自分の弱点はどこか？
▶それぞれの集中について学んだことをはっきり理解しているか？

　この問いに答えれば、ランニング中に何をすればいいか、はっきりした考えがもてるはずである。

●——"体"重視の目標

　現状の評価ができたならば、最も興味あることがかなえられる「妥当な目標」を決める用意ができたことになる。「妥当な目標」とは、思いとフィーリングが十分に反映された目標であって、生活していくうえでバランスをくずさない目標という意味である。

　はっきり言っておきたいのは、目標を立てるにあたって結果重視に陥らないように注意することだ。「近所の人より速く走りたい」「レースで勝ちたい」などの心の声が聞こえるかもしれない。だが、"体"重視の目標は内面からわき出てくるものであるはずだ。しかもよいコンディションのもと、現実的な時間割で能力の範囲内で無理なくやれそうなものを明示すべきものなのだ。体に聞いて理にかなった要求に基づくものであれば、間違いのない目標になるはずである。

　目標は自分の体から生じるもの、現実の状態から生じるものであり、他人がかっこいいと考えるものではなく自分自身を基準として考えたい。目標は誰かに感心してもらったりほめてもらったりするためのものではなく、自分が何者であるかを示すものにしたい。駆り立てられて何かをするのではなく、やりたいという強い気持ちから何かをするようにしたい。「駆り立てられる」の同義語を探してみると、「させられる」「余儀なくされる」「義務づけられる」「命令される」「要求される」「ねばならぬ」「べきだ」などがあげられる。これらの同義語は外部から動機づけられる印象が強い言葉ばかりだ。結果重視の目標では「キロ３分45秒のペースで走りたい」となるの

を、"体"重視の目標に言い換えれば「もっと速いランナーになりたい」ということになる。前者の言い方の場合には、私がキロ3分45秒のペースで走れば、それだけで成功と考える特定の行動指針にはなるだろう。しかし、これまでの記録がキロ4分だったとすれば、目標を達成したとは思えず決して満足することはできないだろう。

一方、速いランナーになることが目標であれば、速くなるのは比較上のことなので、おのずとプロセスを重視することになる。何より速く走るか、誰より速く走るか、いまの私より速く走るかなどのように、何より速く走りたいのかという比較の対象を決めれば、目標を達成するために体がすべきことに注意が向けられることになる。これで、重視することが目標からプロセスに移ることになる。

私の場合、はっきりした目標があり、それらはすべて"体"重視の目標である。何年も続けてきた中で、うまくいった目標のサンプルを示してみよう。

・膝が痛まない走りをする。
・週56km程度のトレーニングでウルトラマラソンを完走する。
・ケガなく走る。
・気持ちよく走り終える。

ここにあげた目標は"プロセス"でもあることがおわかりいただけると思う。これこそ最も価値のある目標であり、すべてプロセス重視であり、"体"重視の目標になっている。5km、10km、そしてマラソンと走る目標をもつことはすばらしいが、十分トレーニングをし、そのプロセスをエンジョイし、何か価値あるものが得られるようにしたいものである。

また、達成したい目標を思いついたら、ランニング日誌に書き留めよう。結果重視の目標がリストにあがっているのに気づいたら、別のリストに移し、後で処理すればいい。"体"重視の目標をいくつか提案すると、「動きやすい」「滑らかな」「ケガなく」「故障回復」「フィットネス」「ダイエット」「気持ちよい」「アウトドア」などがあげられるだろう。

自分の強い思いから生じる目標をもつことは、「柔と剛」の原理を実践するよい機会になる。自分を中心（剛）にして働きかければ、他人の思い（柔）に左右されないことを学ぶことになる。外部から情報を得るのはよいことだ

が、最終的には内面から生じるもので決定し行動するようにしたいものである。

●──スケジュール

現状を評価して目標が設定できたならば、目標に向けて実行可能なスケジュールを立てるときである。

まず、ランニング日誌とカレンダーを用意しよう。基本的な考え方としては、生活のバランスをくずさないようなトレーニングスケジュールを立てることである。ことさら生活しにくくする必要があるだろうか？　新たなランニング計画をスタートさせたり、すでにやっているフィットネスにランニングを加えたりする場合、時間をやりくりするのに次の質問が役に立つはずだ。すでにランニング計画がある場合は、洗練された計画にするのに役立つはずである。

そして、次の質問の答えをランニング日誌に書き入れよう。

①週に何日走りたいか？（主な運動がランニングならば、少なくとも週に3日、多くて6日を勧める）
②日数が決まったら、週のどの日に走るのがベストか？
③選んだ日にそれぞれ何分のトレーニングをするか？　実際に走る時間に加えて、移動時間や準備の時間も含める。できるだけ時間を無駄にしないようにしたい。
④選んだ日にどれほどのトレーニング時間が保障できそうか？
⑤さっそくカレンダーに時間割を書き入れよう。

こうした質問は、生活の中で起こること、特にランニングを予定しているときに起こることを考慮するよう求めている。⑤では、やると言ったことに責任をもつよう求めている。それぞれの質問が一貫したランニング計画のバックボーンになる。生活に溶け込んだ計画を立てるように考えることがすべてである。

トレーニングをアポイントメントとして扱い、ふさがった時間帯に誰かが会いたいと電話してきても、予定があるから別の時間にできないかと言えば

いい。価値あるランニング計画を優先させることによって、「柔と剛」の原理――中心に気持ちを集中し、枝葉末節のことには自然体で――が実践できることになる。

◆ トレーニングの配合

週に何時間走るかがわかれば、次はスケジュールの中でどのような走りをするかを決めることになる。走り方には5種類が用意されているので、トレーニング全体をカバーできるはずだ。それぞれの走りにおいて「＜気＞ランニング」テクニックのどれかに集中するにしても、ある走りにはある集中が特に適しているはずである。それぞれの走りには独特の特徴があって、テクニック全体を向上させるのに役立つものになっている。トレーニングを積んで、集中することのすべてに習熟してくれば、どんな状況でも役に立つ生来の能力のようになって身につくことになる。

包括的なランニング計画

包括的なランニング計画によって、体のコンディションが整えられ、インナーマッスルが強くなり、循環がよくなり、運動能力が向上し、心臓が丈夫になり、行動範囲が広がり、ストレスが解消され、心と体の健康が増進する道が開けることになる。

表6-1はランニング計画のサンプルを3つ示している。レベル1は、ビギナー向けであるとともに、故障から復帰してコンディションを整え、ランニングテクニックの基礎を固めたい人向けである。レベル2は、コンディショニングを上手に行い、きつさを感じずに走れるようにしたい中級ランナー向けである。レベル3は、コンディショニングを上手に行い、効率よく走り、スピードを向上させたいベテランランナーや競技者向けである。

第6章 トレーニング計画　117

表6-1　ランニング計画のサンプル

日	レベル1	レベル2	レベル3
1	休み	スピード・インターバルまたはフォーム・インターバル	スピード・インターバル
2	ファンランまたはフォーム・インターバル	坂道走	坂道走
3	休み	休み	テンポ走
4	ファンランまたはフォーム・インターバル	テンポ走	休み
5	休み	休み	ファンランまたはフォーム・インターバル
6	ファンランまたはフォーム・インターバル	長距離走	長距離走
7	休みまたはファンラン	休み	休み

次に、表中のそれぞれの走りについて述べる。

●――インターバル走

スピード・インターバルとフォーム・インターバルの2種類のトレーニングを勧めたい。

1　フォーム・インターバル

特にこのトレーニングは、ビギナーや長期の中断から復帰したランナーに勧めたい。面白いトレーニングである。事実、ファンランのスケジュールに、いつでもこれを代用することができる。走っている間、集中と集中解除を交互に繰り返す。すなわち、1分集中する、1分集中を解く、1分集中する、1分集中を解くという繰り返しを走り終えるまで続けることになる。走る前に、集中する必要があると思われるものをあらかじめ決めておくようにしたい。

・カウントダウンタイマー付き腕時計があれば、1分ごとにアラームが鳴るようにセットする。テクニックの1つに1分集中してから集中を解

き、次に1分リラックスすることにする。
- ウオーミングアップができて気持ちよく走れるペースになったら、タイマーのカウントダウンを始める。アラームが鳴ったら選んだことに気持ちを集中し、一瞬たりとも中断することなく1分間は徹底的に集中する。次のアラームが鳴ったら集中を解いてリラックスし、1分間をエンジョイする。
- 次のアラームが鳴ったら、次の1分間の集中に再び戻る。
- 集中とリラックスを交互に繰り返しながら走り終える。
- 集中することを2つ取りあげる場合は、1つは初めの3分の1の距離まで、もう1つは3分の2まで、残りの距離は2つ同時に1分間のインターバルで集中して走ることにする。

ビギナーにとっては一つひとつ集中することを学ぶのに効果的な方法である。なぜなら、30分走れば15分もの間特定のことに集中して走ることになるからだ。

まずは、次の3つに集中することを勧めたい。
①姿勢をまっすぐに保つ
②足首から前傾する
③走るときは足を上げる

2　スピード・インターバル

スピード・インターバルはとても面白いトレーニングであり、私のお気に入りである。スピードにこだわって走るのではないので、その場で満足感が得られる練習である。ずっとフォームに集中し続けることに努め、確認のために時間を計るだけにしている。スピードがこのトレーニングの主目的ではない。インターバルと呼んでいるが、十分に集中して走る時間と集中を解いて休息ペースで走る時間とに区切っているだけのことである。

スピードは正しいフォームの産物として得られるものだ。ここで述べるのは、形を変えたフォーム・インターバルであり、スピードが出るようにコンディションを整えるものである。どんなレベルの走りであれ、スピード・インターバルは集中を保って気持ちよく走れるときに限って行うようにしたい。

では、インターバル走を行っている間、集中する大事なポイントを述べよう。

・ゆっくりスタートし、インターバル走の間に少しずつゆっくりと前傾を増やしていく。
・前傾を増やしていくとき、下半身（股関節を含む腰部全体と脚）をリラックスさせる。
・前傾を増やしていきながら、ストライドを後方に伸ばす。
・常に一定のピッチを保つ（毎分170歩以上）。
・スピードについていけるように上半身を動かす。肩の力を抜き、肘を後方に十分に振る。
・速く走るにつれ、さらに股関節を含む腰部全体をリラックスさせ、下腹部の筋肉（インナーマッスル）を働かせて前傾を保つ。
・インナーマッスルを使い、脚の筋肉は使わないようにする。
・前傾を増やしていくとき、足は高く上げるが、不必要に膝を上げないようにする。

この練習は常にゆっくりから速く、小から大への動きをするので、「徐々に進歩」の原理を実践するよい機会になる。

　例えば、スピードのある走力をつけたいとする。そのときは、毎週1回、トラックで400mのインターバル走をしよう。1周する間に、1つかそれ以上のことに集中し、次の1周は休息の走りをする。これを体のコンディションに応じて4～10回繰り返して行う。何回やればいいかわからないときは、体に聞いて教えてもらう。まず4回やってみて、まだできるかどうか「体で感知」する。注意深く体に聞けば、どこで終わりにすればいいかわかるはずだ。

　「徐々に進歩」の原理に従い、最初のインターバルは最もゆっくりとしたペースで走る。トレーニングの始めは気持ちがフレッシュなので、最初のインターバルは速く走りたくなるものだが、誘惑に負けないようにしよう。多くの人が最初のインターバルを速く走り、以後少しずつ遅くなったまま最後まで走っているが、これではどうにか体裁をつくろっているだけだ。そのうえ、それぞれのインターバルの始めが速すぎるものだから、半周あたりでば

てて、1周の終わりまでスピードを維持するのに悪戦苦闘する羽目になる。気持ちよく走れるならば最初のインターバルがどんなスピードでもかまわない。始めにエネルギーを使い果たさないようにゆっくりスタートしよう。

よいトレーニングにするには、それぞれのインターバルは次のインターバルのために体をほぐす運動というくらいに考えるとよいだろう。トレーニングが進歩してくると、インターバルを重ねるごとに少しずつ速くなるが、それは懸命に脚で前進させているからではなく、関節や靱帯がほぐれて動きやすくなってくるからである。

ゆっくり始めればフォームに集中できて、自分の走りのどこが正しくてどこが正しくないか感知できる。そしてそのインターバルが足がかりになって次のインターバルが一層よくなるように、それぞれのインターバルで学んだことを次のインターバルに生かそう。そうすればトレーニングの始めから終わりまで絶えず進歩することになるはずだ。

最後のインターバルが終わったら、2〜3周ジョギングを楽しみ、がんばったお祝いをしよう。

● ──長距離走（LSD）

毎週、LSDをするのを楽しみにしている。旧友と時を過ごすのを楽しみにしているようなものだ。本当に楽しい。特にストレスが多かった週などは、森まで行って走れば、車に戻ったときには別人のようになっている。私にとっては、つまらないことを差しおいて考えをまとめるときである。浮世の問題を解決したり、季節の移り変わりを観察したり、新しい土地を探検したりする。走り出すとき、私の心には何の予定も書いていない。スピードにも距離にも関心はなく、足の赴くままである。

長距離走は長い時間をかけて集中に努めるよい機会になる。集中する中でリラックスすることが最も大切だと言ってもいい。10分ごとにボディスキャン（第7章135ページ参照）し、力んでいるところや堅くなっているところがないか調べよう。見つかったら、その部位をリラックスさせることに集中しよう。走っている間、ずっとリラックスさせることに集中し続ければ、すばらしいマッサージをしたような感じで走り終えられるはずだ。このような

走りを続けているうちに、このリラックスのレベルをすべての走りにもち込むことができるようになる。その他に長距離走で集中するものとして、ピッチ、ギヤチェンジ、姿勢などがあるが、スピードは対象外である。

　長距離走をすると毛細血管が開放されるので、驚くほど酸素摂取能力が向上する。つまり、血液の循環がよくなり、筋肉中に酸素が多く取り込まれることになる。肺からの酸素が筋肉に多く入るので、筋肉の酸素摂取能力が向上することになり、それにつれてエネルギー効率がよくなり、その結果、いい走りができるようになる。速く走りたい人にとっても有酸素運動になって、後で行うスピードトレーニングに役立つはずである。

　どのくらいの距離を走ればいいか？──現状の能力に応じて時間の許す限り、走りたいだけ走るのがいい。

　何時間走ればいいか？──ビギナーなら30分かもしれない。

　私の場合、レッドヴィル・トレイル160km耐久レース向けトレーニングのときは、日曜ごとに65km走った。それで狂信的ランナー扱いされている。いまは年間を通して週1回3時間走をするのがいいところだ。

　いずれにしても、疲れ果ててしまうほど長く走らないことだ。ほどよい疲れを感じたところで走り終えるくらいにすべきである。

●──ファンラン

　ファンランは、走ることで気晴らしができれば十分である。大変な一日を過ごしたり、眠れない夜だったり、深刻になりすぎていたりしたときなど、ファンランに出かけるといいだろう。長距離走やスピード走をした後の回復のためのランニングとしてもファンランは利用できる。

　・新しいところを探検する。
　・ウィンドーショッピングをする。
　・自然の美しいところへ行く。
　・気に入っているランニングコースに友だちを誘う。

　時計は持たず、ペースや距離のことを考えないようにする。ファンランで大切なのは精神的にリラックスすることである。深刻に考えず（特に自分自身のことを）、ひたすら楽しむことにしたい。

●――坂道走

　坂道には起伏の緩やかな道から険しい小道まである。よく考えて利用したい。坂道走の経験がなく、これからチャレンジしたいと思っている人は、最初は易しそうなところを見つけて気持ちよく走れるところまで上ってから引き返すといいだろう。坂道走を行うときは「＜気＞ランニング」のフォームに集中し、体が慣れて気持ちよく走れるようになってから行うようにする。坂道走で「＜気＞ランニング」テクニックを習得しようとしても体はいつもの走り方ができないので、習得が難しく時間がかかることになる。

　上り坂や下り坂の走りはそれ自体がスキルになるので、第7章「トレイルランニングにおける厳しい上り坂・下り坂の走り方」（159〜164ページ参照）で詳しく述べることにする。

●――テンポ走

　テンポ走は、距離とスピードの両方の一連のトレーニングの中でのみ行うものである。ベテランランナーはレース向けのトレーニングとして利用できる。コンディショニングの度合いにもよるが、距離は6〜13kmが一般的である。ビギナーや「＜気＞ランニング」の集中の練習が十分できていないランナーにはテンポ走は勧められない。

　テンポ走では気持ちよいペースでスタートしてから走り終えるまでの間に、徐々に前傾を増やしていくことを目的とする。スプリットタイムを縮めることにトライするため、いつもより少し速い走りになる。前傾を増やしていくのでだんだん速くなり、1kmごとのスプリットタイムが縮むことになる。

　レース向けのトレーニングとして、キロ5分30秒の平均ペースを望む場合、始めは平均ペースより遅く走り、終わりは平均ペースより速く走ることにしよう（下記に5kmをキロ5分30秒の平均ペースで走る例を示す）。

　1km目のスプリット：5分36秒
　2km目のスプリット：5分33秒
　3km目のスプリット：5分30秒
　4km目のスプリット：5分27秒

5km目のスプリット：5分24秒

　キロごとの数値計算が煩雑かもしれないが、トレーニングのニーズに合わせて各人でスプリットタイムを調整してほしい。
　テンポ走は筋肉強化のためではなく、テクニックの練習である。キロごとのペースが上がっても、走っている間ずっときつさの度合いが一定でいられるようにすることと、ずっと同じピッチで走ることが目標になる。
　「そんなバカな！　どうやってやるのだ？」と言われるかもしれない。バカかどうか議論するつもりはないが、提案しているトレーニングをすれば必ずできるはずだ。要するに、体をリラックスさせて前傾するやり方をいかに利用するかということである。
　「＜気＞ランニング」においては、前傾すればするほどウエストを曲げずに軸をまっすぐに保つことが大切になってくる。そうすれば体の重心のすぐ後ろに足が着地し、前傾を増やすにつれてストライドは前ではなく後ろに伸びる。さらにストライドを伸ばすにはウエストから下の部位をリラックスさせることだ。それができるようになれば、骨盤がよく回り、背骨にひねりが生じ、股関節部からの脚の振り動かしが大きくなってストライドが伸びることになる。膝から下をリラックスさせると、足首、ふくらはぎ、すねのいずれも働かせる必要がなくなってくる。つまり、ウエストから下はリラックスさせることがすべてであり、それ以外は大してすることがないのだ。このようにストライドが伸びても脚を働かせる必要がないので、キロごとのペースが上がっても走りのきつさは変わらないことになる。
　次に、テンポ走の練習の説明に入ることにする。ピッチを一定に保つために、小さいメトロノームを利用する。ストライドを伸ばしたい人には必需品だ。私の場合、毎分180にセットして、最初の1歩を踏み出すとすぐにメトロノームをスタートさせる。いつも遅いピッチで走っている人は最低でも170にセットしたい。ラップタイムをチェックすることによって自分でペースを調整できるので、この練習はトラックで行うのがベストだ。
　このような走り方をしたことがなく、どんなペースで走ればいいかわからなければ、体に知らせてもらうことにしよう。ラクなペースで2～3周ウォーミングアップのジョギングをして体をほぐしてから、いつもの速さより

少しラクなペースで走り始める。スプリットタイムを計る時計があれば、1周するごとにボタンを押し、次の1周は前より1秒速く走るようにする。わずか1秒だ。続いて1周ごとに1秒ずつ速く走って、これを最後の周回まで続ける。15周して6km走れば、最後の1周は15秒速く走ることになる。

この方法は非常にゆっくりしたスピードの上げ方なので、時計をよく見る必要がある。1周目を2分で走り、2周目を1分55秒で走れば、次は少しスピードを落とす余裕が出る。これは「体で感知」するのに効果的な練習である。なぜなら、注意深く体に聞いてスピードを微調整する必要があるからだ。徹底するほどのことでもないのだが、1周ごとの目標タイムにいかに近づけるかにチャレンジするのが好きなので、私の気に入っている練習だ。1周目を計って1分45秒だったとすれば、次の1周は1分44秒を期待して時計を見る。変わった方法だが、面白くてやりがいがある。

スピードを変えるためには、アクセルを使うのと同じように前傾を利用することになる。スピードを上げるときは、前傾を少し増やす。スピードを落とすときは、前傾を少し戻す。週1回このような走りを練習すれば、ペース調整がマスターできてレースに役立つことだろう。レースでのスタートのとき、同じレベルの人たち全員が先に走って行って集団の後について行くことになるだろうが、後で抜くのだから笑って走ればいいのだ。

これまで述べてきた5種類のトレーニングは、「＜気＞ランニング」全体のテクニックを身につけるのに役立てられるものである。フォームに集中する内容とそれを習得できるトレーニングとの関係を表6-2に示す。

表6-2　5種類のトレーニングと関連する集中の内容

集中の内容	テンポ走	坂道走	インターバル	長距離走	ファンラン
姿勢	○	○		○	
前傾	○		○	○	
ピッチ	○	○		○	○
腕振り	○	○	○		
腰部全体の動き	○			○	○
インナーマッスル	○	○	○		
酸素摂取能力				○	○

●──クロストレーニングについて

　ランニングのためにはクロストレーニング（あるいは補助トレーニング）をしたほうがいいのかどうか、よく質問される。筋肉を強くする必要があると思うなら、走りながらランニング中に使われる筋肉を強化するのがベストだと答えている。ランニングにとって、インナーマッスルのトレーニングはよいと思うが、ウエイトトレーニングはよいとは限らない。ランニング中に使われない筋肉を強化しても、筋肉の量を多くするだけで余計な荷物を身につけて走ることになる。私はこれを避けて、太極拳とのクロストレーニングでインナーマッスルと精神集中のトレーニングをしている。

　走りながらトレーニングすることが第一である。筋肉を強くしたければさらに走ることであり、他の目的のために強くする必要がない限り、時間を浪費してまで体重を増やすようなことはしないほうがいい。故障を治すために筋肉強化が必要だと医者に言われたのであれば、それはそれでよしとしよう。だが、そもそも故障の原因はフォームにあると思われるので、あわせてフォーム改良にも努めてほしい。

　例えば、走るときに足が外に向いていて、膝に問題が生じたとしよう。治療の専門家に相談すると、内転筋を強くすれば走るときに足が前に向くようになると言われる。そこで、ジムに行って内転筋の強化運動に励むことにするか、さもなければ次のやり方がある。

　走りに出て、膝をまっすぐ前に出すように努め、いつものように横に張り出さないようにする。綱渡りの綱の上を走るかのように、内転筋を働かせ膝を体の中心に向けて動かしながら走るのだ。毎分170〜180歩のピッチ、キロ6分15秒のペースで走れば、ジムに行かなくても30分のランニングで内転筋を2,500回以上も曲げる運動をすることになる。

　靱帯や腱が柔軟でない場合やランニングに必要な筋肉のどこかが弱い場合は、特定のクロストレーニングによって体がスピードについていけるようにするやり方もある。しかし、体全体の動きをよくするための最も効果的な方法は、"走りながら"筋肉を伸ばし、強くすることなのである。

計画のグレードアップ——いつ、どのように、どれだけ行うか

　何事でも次のレベルに進歩・発展させるためには、平衡状態（バランス状態）からアンバランス状態に駆り立てるなり広げるなりする必要がある。そのとき、「自然」の力を借りて新しいレベルでの平衡状態を新たにつくり出すことが必要になる。

　この前提が正しければ、バランス状態と進歩は同時には存在しないことになる。なぜならバランス状態は平衡状態、すなわち動きのない状態を意味し、進歩は動きのある状態を意味するからである。とても唐突で難解な話のようだが、これはランニングに直接あてはまる。その理由を次に述べよう。

　例えば「＜気＞ランニング」のすべてにきちんと集中できて、気持ちのよいリラックスしたペースで、口笛でも吹きたくなるような調子で走れるようになっているとする。ずっとそのペースで走るのに体がすっかり慣れているので、とてもリラックスしたラクな感じで走ることができる。まさに平衡した状態に達しているので、くつろいだ気分のバランスのとれた状態になっている。だから独り言が出る。「これはオーケーだが、もっと速く走りたい」。さあどうする？

　第4章で説明したように、速く走りたければさらに「前傾」するだけでいい。そこで走りに出て、もっと前傾しようと試みる。何が起こるか？　正しい動きをすれば、いつもより前に傾く感じになるはずだ。少しバランスがくずれて、いくぶん不快に感じられるだろう。それでも走るたびにだんだんラクになってくる。なぜなら、「自然」のおかげで下腹部の筋肉（インナーマッスル）の働きがだんだんしっかりしてきて、新たな前傾に対処できるようになってくるからだ。何週間後、もしかしたら何ヵ月後には新たな前傾になじんだ走りになっていて、また口笛でも吹きたくなるような調子になり、以前とまったく同じ感じになるはずだ。ただし以前と違うのは、速く走れるようになっていることだ！　以前は存在していなかったアンバランス状態を取り入れて経験したのだから、本質的にランニングが進化したことになる。体が適応し必要な調整をして、前の状態より一段上の新たなバランス状態に整え

たことになる。つまり進歩したのだ！

　何事でも現状維持では進歩がない。新しいものを導入し、全体に適合させることによってのみ進歩するのだ。これは普遍的な法則であり、ビジネスの拡張であれ、内気な人が大衆の前で雄弁をふるうようになることであれ、人生のさまざまな面に適用できる。

　例えばビジネスを拡張する場合は、働く時間を増やしたり、製品販売を増やしたり、考えを整理したりする必要があるだろうし、この他にもたくさんの新しい工夫が必要かもしれない。何かが現状を超えることによって何らかの進歩が生まれる。そして新しい状態に落ち着く動きが始まり、拡張されたバランス状態に再びおさまることになる。

　例えば内気な人は、アンバランスな状態をつくることに着手しない限り内気なままでいることになる。つまり、社交的な環境の中に自ら入っていき、いつもより人と交わり、話をすることにチャレンジする必要があるということだ。内気な人がさらにがんばらなければならないような状態なら、人前で落ち着かない感じ（アンバランス状態）になるかもしれない。だが定期的に何度か試していくうちにだんだんラクに行えるようになり、やがてアンバランス状態がなくなって、新たなバランス状態に整えられ、大衆の前でも落ち着いた気持ちでいられるようになるだろう。最初にその人が大勢の人の中に入っていかなかったら、このような成長はあり得なかったはずだ。

　とはいえ、発展途上のアンバランス状態にあるだけで進歩できるなどと言うつもりはない。あまりにも多くの人がアンバランス状態で生活しているのに、得られるものがどこにもないのが現実なのだから。

　前述のように「自然」の力を借りるためには、バランス状態から一歩踏み出し、向上しようとする気持ちをもつ必要がある。自分を伸ばそうと決意し、必要なアンバランス状態をつくることを決意してほしい（103ページ「フォーム改造」のタイガー・ウッズのエピソード参照）。前に進むためには調整（例えば前傾姿勢を保つこと）が必要になる。いったん進歩を決意すれば、それを成し遂げるためにいかに「自然」の力に助けられるかに驚かされるはずだ。バランスと進歩は大事な教訓であり、これによってすばらしい「自然」の支援を得て進歩が遂げられることになる。

● ──グレードアップのよりどころ──バランスと進歩の教訓

　ランニング計画を立てるにあたって、「いつ」「どのくらい」グレードアップするかを判断することが大切になる。コンディショニングがうまくいくと、呼吸がラクになり、インナーマッスルが疲れなくなり、前傾姿勢を保ち続けるのが容易になり、肩や腰部全体が柔らかく感じられ、足どりが軽やかに感じられるようになってくる。このように進歩してくるとランニングがラクに感じられるようになり、ある時点で次のいずれかを選択することになる。もうしばらく安定状態を続けるか、計画をグレードアップするか。

　安定状態の期間は成長の過程で重要なものであり、自然なものである。つまり、ランニングフォームの変化に体がついていけるようになるまでの必要な期間なのである。使われるようになる筋肉があれば、あまり使われなくなる筋肉もあるという変化に慣れる期間が必要なのだ。それは細胞レベルの調整であり、時間がかかる。例えば、3歳になる娘の急成長ぶりを見ると、1ヵ月で2.5cmも成長し、それから2～3週間は変化がないが、それは成長についていけるよう体を休ませている期間だと考えられる。

　グレードアップとは、現在やっている以上にランニング計画を増強することである。グレードアップすることは、考えている以上に大変なことだ。スピード、距離、テクニック、走る回数などを増やせば、体、すなわち筋肉、靱帯、腱、骨、心臓、肺に負担を強いることになる。このため、グレードアップは1週間に2つ以下に留めることが必須条件になる。

ランニング計画グレードアップのための一般的ガイドライン

- ▶グレードアップは、週に2つ以下に留める。
- ▶1インターバルで増やす時間は15～30秒以下にする。
- ▶毎週の長距離走で増やす時間は15分（または走行距離の10％）以下にする。
- ▶インターバル走の回数を増やすとき、始めは少しスピードを落とす。
- ▶インターバル走でスピードを上げるときはいったん回数を減らしておいて、新たなスピードを維持しながら、毎週少しずつ回数を増やしていく。
- ▶たまたま思いがけずいい走りができて、いつもより速くあるいは長く走れても、すぐにグレードアップをスケジュール化せずに次の週まで延ばす。

深く考えずに準備が不十分のままでランニング計画をグレードアップすると、ランニング故障の第一の原因になる。これは一般にオーバートレーニングと呼ばれ、能力を超えたランニングを意味する。ビギナーからエリートまであらゆるクラスのランナーに生じる問題だ。初めて走る人が3km走ろうと努めれば、いずれケガをする。ランニングフォームに欠陥があれば、走る距離が増えるにつれてケガの可能性が高くなる。だから、ゆっくり行って徐々に体を慣らしてからグレードアップし、元の木阿弥にならないようにしたい。

ビギナーの場合、最初のグレードアップは走る時間を少し長くすることにし、次のグレードアップでフォーム・インターバル（117ページ参照）を行うのがいいだろう。

「＜気＞ランニング」の集中する内容をよく理解し経験を積むにつれ、何をグレードアップする必要があるか、自身の内面から感知できるようになってくるはずだ。

そこで、グレードアップのサンプルとそれに付随するものについて述べよう。

- **特定の走りのスピードを上げる**：これを行うには前傾を増やせばいい（インナーマッスルの働きを増やす）。インナーマッスルを使い、脚は使わないよう調整し、どんな具合かチェックしよう。このグレードアップによって、スピードが上がるだけでなく、ストライドも伸びることになる。ストライドの伸びに適応させるためには、股関節を含む腰部全体をさらにリラックスさせることが必要になる。
- **インターバル走の回数を増やす**：増やす回数は週に1回以下とし、体がオーケーを出したときに限って1回だけ増やすことにしよう（本章「グレードアップが必要なときを知る方法」130ページ参照）。
- **インターバル走の時間を増やす**：インターバルの長さに応じて15～30秒増やすようにしよう。1分のインターバル走ならインターバルあたり15秒だけ、2分のインターバル走なら30秒は増やせることになる。
- **走る時間を増やす**：距離を増やすとも言い換えられる。長距離走の場合、予定のゴール1～2km前のところで体をチェックし、どんな感じか様子

を見よう。まずまず元気であれば 10～15 分は増やしてもいい。少し疲れを感じるようだったら、その日は増やすのをやめてスケジュールどおりに留めることにしよう。

- **坂道走の険しさと長さを増やす**：坂道走は気持ちよいと感じられるペースで行うようにしよう。どのようにグレードアップするかを語るには、とりわけ油断のならないトレーニングだ。なぜなら、距離とアップダウンが入り混じっているからである。いつもより長い坂道走に出かける場合、上り坂も下り坂も初めはラクなペースで走るようにする。上り坂はオーバーワークになりやすいので、自分に合ったペースで走ってエネルギーを節約し、残りの距離のためにとっておくようにしたい。

- **毎週の走る回数を増やす**：これは大きな前進なので、軽々しく考えないほうがいい。回数を増やすときは他には何もチャレンジせず、ファンランをして様子を見ることにする。ランニング計画だけの問題ではなく、生活にも影響するので気をつける必要がある。1 週間あたりの日数を増やすにあたっては、2～3 週間かけて準備してから特定のテーマ（スピード、距離、坂道など）を取り入れるようにする。

- **走りの質を変える**：走りの中に新しいテーマを取り入れる（すなわち平坦なコースを 5～8 km 走っているのを、坂道、インターバル、長距離などに代える）にあたっては、ゆっくり時間をかけるほうがいい。「バランス」と「徐々に進歩」の原理に基づいて進めるのがよいやり方である。

●──グレードアップが必要なときを知る方法

グレードアップの時機を知るための手立ては「体で感知」することに尽きる。ご推察のとおり、体がオーケーと言えばグレードアップのときだ。体の用意が整う前に無理をしてグレードアップすれば、トラブルを招きかねない。グレードアップするにあたっては、心が提案し体の承認を得る必要がある。

体の状態をチェックするのに絶好のタイミングは、グレードアップを予定している走りの終盤に向かうときである。予定のトレーニングの終わりに近づいたら、「いますぐ、○○ができるか？」と自問してみよう（例えばイン

ターバル1回、2km、15分、30分など、何でもいいのでその場にふさわしいもので空欄を満たす)。注意深く体に聞けば、問いかけに応じて次の3つのいずれかの答えが返ってくるはずだ。

　①「いいとも、問題ない」
　②「できればやりたい。少し疲れているが、やれると思う」
　③「とんでもない、これでおしまいだ」

　答えが①か②の場合は、グレードアップの青信号。③の場合は問題外。週が変わってからもう一度聞くことにしよう。また、ある週にグレードアップを予定していても、コンディションが整ったときにだけグレードアップしたほうがいいだろう。

　この方法のよい点は、「体で感知」という生来の安全のメカニズムを有していることであり、うまく利用すればグレードアップの時期尚早でケガをする羽目に陥らずに済むはずだ。「体で感知」はうぬぼれで簡単に断ち切られてしまうので、要注意。体に起きていることについて十分な会話をしていれば、何がオーケーで、何がダメなのか、常にわかるようになってくるはずである。このやり方に従えば、そのうちに体がどこまでできるかを知って驚くだろう。

　次に示すのは「＜気＞ランニング」テクニックを3年にわたって実践している生徒からの報告である。

　　1年以上かけて少しずつ距離を伸ばしながら、普段のランニングを続けてきました。いまでは走りたいだけ長く走れるようになりました。そのうえ、いずれフルマラソンにトライできる日がくると思えるようになり、それに備えてどんなトレーニングをすればいいかわかってきました。本当に驚くほどリラックスした感じで元気よく走れるようになりました。実際、以前走りに出たときに比べ、走り終えた感じがとても気持ちよくなりました。何日もけだるくて疲れがとれず、体のどこかが痛んで、もう走りに出られないのではないかと思ったものです。でも、いまでは背中や肩が凝っていても、小さなストライドでゆっくりスタートするとすっかりほぐれてくるのです。
　　純粋に肉体的な見方をすれば、「＜気＞ランニング」によってより速くより長く走れるようになり、間違いなく気持ちよくリラックスして走れるよう

になると思います。けれども私にはそれ以上のものがたくさんあるように思えるのです。「体で感知」の原理を実践し筋肉エネルギーを効率的に使うことによって、走りをエンジョイできるようになりました。そのうえ教えられたのは、心と体の状態をすべて感知して人生でエネルギーを浪費しないようにすることです。心と体の全体に及ぶ集中によって、この哲学を具体化すれば、真の心の安らぎと幸せが得られると思います。

アーガ・グッドセール

CHAPTER 7

「＜気＞ランニング」テクニック習得における問題点とその対処法

　新しいことを学ぶということは、活気に満ちた心身を維持するための有力な手段である。それは人生に輝きをもたらすものであり、進歩を望む人には避けて通れないものである。新しいことを始めれば難題に直面することになるが、それにチャレンジすることが成長への道につながるはずだ。学ぶには努力を要するのが常であり、時には精神的、肉体的に心地よく感じられないこともあるだろう。本章を道しるべとして活用すれば、ランニングフォーム改造の途上で壁に突き当たったとき、解決の手がかりになると思う。

　本章では、「＜気＞ランニング」テクニックを使うときに生じるかもしれない疑問や懸念に焦点をあてる。フォームを整える練習の他にも優れた練習法を紹介しており、「＜気＞ランニング」がどんなものかはっきり感じ取ることができるよう工夫されている。

生産的苦しみと非生産的苦しみとの違い

　体に何か新しいことを覚え込ませようとすると、普通はぎこちなさや苦痛を伴うものだ。初めて自転車に乗る人がペダルをこげるだろうか。初めてスケートボードをして、転ばない人がいるだろうか。学ぶことは試行錯誤。すなわち試しては失敗し、覚えては忘れるという繰り返しである。また、新しい動きを体に覚え込ませようとすると違和感を覚えるだろう。だが、何をするにも調整期間が必要で、それを経ることによって新しいやり方に対しス

ムーズな動きができるようになってくるのである。この移行期間において大事なのは体の反応を注意深く聞くことだ。そうすれば正しい動きをしているかどうか知ることができる。何か間違ったことをしているとき、それを知らせてもらう一番よい方法は脳から発せられる不快感や苦痛のメッセージに耳を傾けることである。

　われわれの文化の中に健全な考え方に変えるべきものがあるとすれば、そのひとつに不快や苦痛とのかかわり方があげられる。痛みへの対処として痛み止めを処方して苦痛を和らげるだけというように、その原因究明自体に取り組もうとしないのが社会通念になっているからだ。

　肉体的苦痛はランナーにとって大きな問題である。その苦痛が生産的なのか非生産的なのかはっきり区別することによって、苦痛の原因を見つけ苦痛につきまとう不安を和らげたいと思う。生産的苦しみは進歩を伴うが、非生産的苦しみは痛みやケガをもたらすことになる（図7-1）。

　生産的苦しみは成長の過程で必要なものである。ランニングを始めたばかりのとき、呼吸が苦しくなって肺に十分空気が入らないような感じになるだろう。だが、呼吸が荒くなっても心配することはない。体が慣れていないことをしているのだから仕方がない。初期の段階を乗り越えられれば、2～3週間のうちにランニングによる酸素需要の増加に体が慣れてきて、呼吸の苦しさはなくなってくるはずだ。

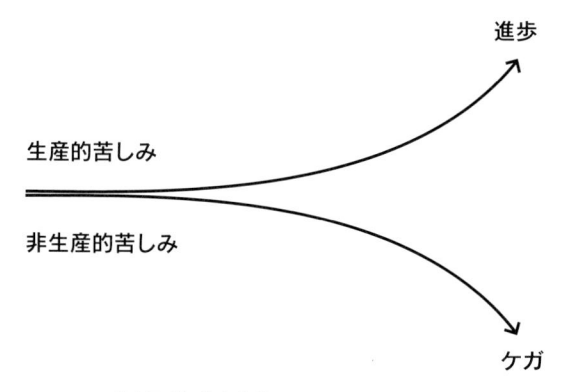

【図7-1】生産的苦しみと非生産的苦しみ

生産的苦しみは現状を超えようと努力しているのを知覚する尺度になり得る。日常で体験する生産的苦しみの例をあげてみよう。
- コーヒーをやめると頭痛がする。
- 運動するために早起きする。
- 体重を減らすために食べる量を減らす。
- 荒れ模様の天候のときでも走る。
- 赤ん坊の泣き声で寝不足になる。
- 給料を上げてもらうよう頼む。

一方、非生産的な苦しみは、何か正しくないことをしているからこそ修正する必要があり、そうしなければ痛みを感じることになると警告しているのだ。痛みがあるときは故障状態に陥らないよう注意し、体の動かし方を変える必要があると体が知らせているのだ。膝に痛みがあれば、ストライドを小さくすること、足裏の真ん中で着地すること、あるいは回内を直すことなどが必要だと知らせているのだ。

私のランニング経歴の中で、正しい走り方は痛みから学んだことが最も多い。痛みを感じたなら、どんなときでも走るのをやめるか、痛みが生じないような走り方をするかのどちらかを選ぶ。まず原因を見つけたい衝動に駆られ、そしてそれが必ず問題解決に結びついたのである。だから、痛みを感じたときはランニングフォームを正すために、まずその痛みがどこから生じているのかを正確に探し出すことにしよう。そうすれば、それを参考にしてフォーム修正に取りかかることができる。

徐先生によれば、痛みがある場合はいつでも＜気＞の流れが悪くなっているという。姿勢を正し、痛みのある部位をリラックスさせてからほぐすようにすれば、＜気＞の流れがよくなって痛みが治まるはずである。

◆ ボディスキャン

これは、ランニング中ならばいつでもできる練習である。実際、いつでもできる練習だからこそ、体のいまの状態をはっきり感知するのに役立つ。ボディスキャンは「体で感知」につながるものであり、体とのコミュニケーションの仕方を教えてくれるはずだ。聞き上手がよいコミュニケーションを

もたらすということはこの場合も同じだ。この練習では、走りながら体をスキャンして、留意する必要がある部位に耳を澄ますことになる。

まず、頭から始めて足まで行う。それぞれの部位にひたすら気持ちを集中し、緊張、凝り、違和感、痛みがないかどうかを調べる。なければ謝意を表して次に移る。どこかおかしいところを感知したら、そこに気持ちを集中し深呼吸をする。強張っていたり凝っていたりしたら、その部位をリラックスさせる。あちこち動かしたり揺すったりしてみる。あらゆる緊張をほぐす。酷使から痛みや苦痛を生じることがあるが、その場合は痛むところを休ませて他の部位でかばうようにする。

よく使う必要がある部位に痛みが生じたら、なるべく使わないようにして他の部位に移す。リラックスさせ、十分ほぐしてから、その「大事なところ」を使う走りに戻し、特別の注意を払うようにする。

そこで、体の各部位をスキャンする練習をやってみよう。手順は次のとおりである。頭から始まる各部位の順序に慣れるように努める。それぞれの部位に手をあて、移動させてみる。それぞれの部位で数秒止めて、緊張や痛みが感じられるかどうか調べる。それでは、順序に従って移動させ、各部位で止めて耳を澄ましてみよう。いすに座って本書を読んでいるのなら、立ち上がらずに座ったままでやってみよう。

頭 → 首 → 肩 → 腕 → 肘 → 手首 → 手 →
背中の上部 → 胸、呼吸 → 腹部 → 背中の下部 →
骨盤 → 股関節部 → 臀筋 → 大腿四頭筋 →
膝 → ふくらはぎ、すね → 足首 → 足

全身のスキャンを終えたら初めに戻って、頭から足まで約10秒かけてもう一度スキャンしてみよう。

フォームの問題解決

うまくいっていないと感じたときの対処の仕方を知っておけば、これから述べるような悩みや苦痛を回避することができる。最もよく起こると思われる懸念事項（悩みや苦痛）を取りあげて、問題点を述べてから原因と思われるものを提示している。たいていの場合、フォームを正すことに集中すれば問題は解決すると言ってもいい。

ランニング故障にどのように対処するかを扱った本があふれているが、ここで取りあげるつもりはない。ここで言いたいのは、問題になっていることの原因を調べてそれを直すこと。そうすれば問題は解決し、再発することはないはずである。

この項では、次の4つのカテゴリーに分類して懸念事項を述べているが、いずれもフォームの問題の難しさに向けられていることがわかる。

カテゴリー1：姿勢
カテゴリー2：前傾
カテゴリー3：上半身
カテゴリー4：下半身

ランニングに伴う悩みや苦痛があるときは、いつでも本項を活用してほしい。うまく原因が突きとめられれば、それだけ早く解決できることになるはずだ。

● ── カテゴリー1：姿 勢

● **正しい姿勢がどんな感じなのかをなかなか感じ取れない**

走っていないときに姿勢を正す練習をあまりしていないため、走っているときに正しい姿勢を感じ取るのが難しくなっているのだ。

立った状態で姿勢を正す練習に時間をかければ、正しい姿勢に慣れて十分に会得できるはずだ（140ページの練習および図7-3参照）。1日に10分は立って姿勢をまっすぐにし、正しい姿勢がどんな感じか体に覚え込ませることにしよう。それができれば、ランニング中にその感じを思い出すことができる

はずだ。
- **● 首**

一般的に首の問題は、姿勢がまっすぐになっていないことが原因なので、姿勢を正す必要がある（前項参照）。首に力みがあれば痛みを生じることにもなる。ランニング中、あたりを見回すようにし、正面の道路ばかり見ずに、顔を上げて視界を広げよう。

●――カテゴリー２：前傾

● インナーマッスルの働きが感じられない

下腹部の筋肉が正しく使われていなければ、インナーマッスルの働きは感じられないはずだ。正しく使っていれば大切なこと（骨盤を水平に）をしているように感じられるはずである。姿勢をまっすぐに保ったまま前傾し、テーブルに寄りかかる練習（62ページ図4-14参照）をすると、インナーマッスルの働く感じが間違えようのないものになるはずだ。走っているときに同じ感じを思い出せるよう、時間をかけ辛抱強く練習してほしい。たいていの人にとって、まったく新しいことを体験することになるのだから。

● 重力に引っ張られる感じがしない

重力に引っ張られるように感じられないのであれば、正しく前傾できていないためだろう。走りに出る前に、壁に向かって前傾の練習をしよう。まっすぐな姿勢を保って前傾するのがどんな感じか、はっきり「体で感知」できるようになるまで続ける。まっすぐな前傾姿勢を保つためにインナーマッスルが働いているのが常に感じ取れるように努め、走っているときにたとえわずかな前傾であっても前に倒れる感じを感じ取れるようにする。

●――カテゴリー３：上半身

● 呼吸の問題あるいは浅い呼吸

要するに筋肉に酸素が十分に取り込まれていないのだ。その理由として、呼吸の遅すぎ、あるいは浅すぎが考えられる。そうであれば、血液に十分な酸素が取り込まれないことになる。また、現状のコンディショニングのレベルに対して、スピードの上げすぎ、あるいは筋肉の使いすぎになっているの

かもしれない。いずれにせよ、第3章「深い呼吸」(41ページ)の項を読み返してみることを勧める。

● 肩

肩の凝りに悩む人の多くは、肩を後ろに引きすぎ、または上げすぎの姿勢で走る傾向がある。これに対処するため、次の2つのことを提案する。

① ランニング中に肩を上げすぎているのに気づいたら、腕をだらりと下げて1分間リラックスさせる。これを15分ごとに行う。腕振りを再開するとき、肘を直角に曲げて肩を下ろし、腕を振りやすくする。そのとき、肩は腕をだらりと下げたときとまったく同じようにリラックスさせておこう。

② 肩を引き、腰を後ろに引いているのであれば、140ページ図7-2に示すようになっているはずだ。あごを上げ、ウエストを曲げ、腰を落とした姿勢になっている。これでは肩の筋肉を痛めるだけでなく腰が湾曲してしまい、腰や首の痛みを起こしかねない。第5章の89ページに戻って、「地についたスタンス」の練習をしてほしい。どのような感じがするか「体で感知」し、その姿勢で走るようにする。走りながら、ときどき「地についたスタンス」をとれば、背中が正しい姿勢になるはずである。

● ── カテゴリー4：下半身

● 腰

腰が強張ったり痛くなったりするのであれば、姿勢をまっすぐに保つことができずに、着地のときにウエストを曲げていることが考えられる。ウエストを曲げるとカンティレバー（一端は固定し、他端を自由にした梁）のようになるため、上半身の体重を腰の筋肉で支えざるを得なくなる（図7-2）。まっすぐな姿勢で走れば、体の軸の底で体重を支えることになり、腰の負担が軽くなる（図7-3）。

また、下腹部の筋肉を働かせて前傾姿勢を維持すれば腰の筋肉がオーバーワークにならずに済み、ストライドを狭めれば腰の負担が軽くなるはずである。

次に、腰の筋肉で姿勢を維持するのではなく、下腹部の筋肉で姿勢を維持できるように下腹部の筋肉を強くする練習を紹介する。

肩と腰を後ろに引きウエストを曲げている
【図 7-2】

耳・肩・腰・足首を結ぶ線が
まっすぐな正しい姿勢
【図 7-3】

EXERCISE

【下腹部の筋肉で骨盤を起こす練習】

- この練習をすればランニング中に骨盤を水平に維持できるようになるので、ウエストが曲がるのを防げるはずだ。足を平行に腰幅に開いて立ち、姿勢を正す基礎練習をしよう。
- 片方の手をおへそにあて、もう一方の手で鎖骨を上げて上部の背骨を伸ばす。恥骨のありかを意識し、下腹部の筋肉を使ってそれを上げる。骨盤を起こすとき臀筋を堅くしないで、下腹部の筋肉だけで起こすようにする。
- 終わりに、恥骨とあごの間にラインをイメージする（図 7-4）。そして、そのラインの間隔が縮まるのをイメージする。ラインの間隔が縮まるのに伴って、あごを引き、恥骨を上げることになるはずだ。そうすれば首はまっすぐに骨盤は水平になって、腰がまっすぐになるはずである。

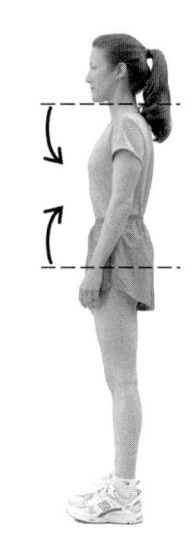

あごと恥骨の間隔を縮める
【図 7-4】

- この練習を行い、この姿勢に慣れて十分に会得したのが感じられるようになったら、ランニング、特に前傾するときの走りの中に入れてみよう。下腹部の筋肉が働くようになり、腰の筋肉の負担が軽くなるはずである。

● 股関節を含む腰部全体

とにかくほぐすことだ。毎日、思い出したときいつでも股関節を含む腰部全体を回す練習をしてほしい（84ページ参照）。私のこの部位が堅いので、朱先生に「腰部全体を3,000回、回せ」と言われたものだ。おかげでいつの間にか、その問題はすっかりなくなった。

ランニング後、特に入念に腰の筋肉のストレッチングを行うのもいい（94ページ参照）。

● 大腿四頭筋

この部位が痛むのなら使いすぎていることになる。使いすぎは「＜気＞ランニング」では許されないことだ。脚を振り動かしている間ずっとインナーマッスルを働かせて、大腿四頭筋は休ませるようにしよう。一般的に大腿四頭筋を痛めるのは、足が体の前に着地するため脚への衝撃が大きくなるからである。ストライドを狭め、もっと体の近くに着地するようにすれば大腿四頭筋への衝撃が少なくなるはずだ。足を上げる走り方をすれば、上向きの力が生じて着地時の下向きの力をいくぶん相殺することになり、それによっても大腿四頭筋への衝撃が少なくなるはずである。

正しく着地できているかどうかを知る一番よい方法は、着地したときに足が後方へ動いているかどうかを知ることである。

● ハムストリング

この部位に痛みがあるのなら、ストライドを前方に伸ばしすぎて、体の前に足が着地していることになる。これでは、ハムストリングにとって非常に負担になる。上り坂を走って足を体の前に出すときにも同じことが起こるはずだ。前傾させて上半身が足の着地点より前に出るようにしよう。また、ストライドの伸ばしすぎは足を体の前に伸ばすことから生じている。ストライドは前ではなく"後ろ"に伸ばすようにし、ストライドを狭めてハムストリングを休ませよう。

● 臀筋

　臀部が堅い人は一様に臀筋が堅くなっていることが多い。臀筋ではなく、下腹部の筋肉で骨盤を回す練習を多くしよう（85ページ参照）。立っているときはいつでも臀筋をリラックスさせることに努めるのもいい。私はいつもこの部位が堅くならないように努めている。この部位をリラックスさせることができれば、体のどの部位もリラックスさせられる。とても厄介だが、効果は大きい。

● 膝

　膝が痛む理由はたくさんある。ここでは、よく起こるものだけを取りあげることにする。

　①脚が外向き。走るとき、脚が外側に向く（図7-5左）と、ストライドごとに膝にねじりモーメントが生じることになるので、距離に関係なく膝を痛めることになる。やがて膝の靱帯と腱がオーバーワークになり、痛みや故障を起こすことになる。脚が外向きになる主な理由は、脚の内側の内転筋が弱いからだ。着地のときに脚が前方に向くようにするのは筋肉の役目である。走るときに脚の上部を内側に回せば筋肉が強くなって、そのうちに問題を解決できるはずだ。道路の前方に延びる仮想のラインをイメージし、それに沿って着地するようにして走ろう。

　②かかと着地。これが最も一般的な膝を痛める原因だと思う。体の前に着地したり、すり足で走ったりすると、膝を酷使して痛めることになる（図7-6）。これについて考察してみよう。体の重心より前方に着地するたびに、体の前への動きを足で止め

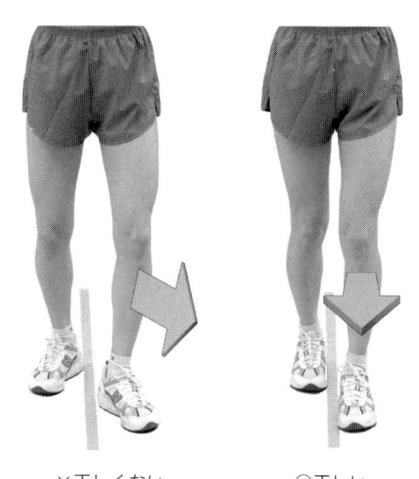

×正しくない　　〇正しい

【図7-5】脚の向き

第 7 章 「〈気〉ランニング」テクニック習得における問題点とその対処法　143

【図 7-6】かかと着地

るのだから、絶えずブレーキをかけていることになる。シューズのかかとが磨り減るわけだ——車のブレーキパッドみたいに。このように足で止め、体が動き続けるとすれば、膝はすべての力の転換点になる。膝はちょうつがいでもショックアブソーバーでもないのだから、そのようなひどい負担をかければ炎症を起こす羽目になる。だから、次の2つのことを忘れずに実行しよう。ストライドごとに足を上げること。上半身が着地点より前に出るように前傾し、かかとではなく足裏の真ん中で着地すること。

③下り坂のランニング。下り坂を走っていて膝を痛めることは多い。ここでは膝を痛める問題を扱う（下り坂の走り方に関しては 160 ページ参照）。下り坂を走るときは、他の走りよりも脚の負担が大きく、それはストライドごとに体重の 10 倍にまで達することがある。それゆえ、膝と大腿四頭筋にとても大きな負担を求めることになる。ふさわしい対処法としては、脚の後ろ側に注意を向けて膝や大腿四頭筋から注意をそらすことだ。なぜなら、脚の後ろ側には衝撃を吸収する筋肉があるからだ。下り坂を走るときは、いつでもかかとのほうに体重を多めにかけて着地するようにしよう。つま先のほうに着地すれば、脚の前側（すね、膝、大腿四頭筋）を使うことになる。かかとのほうに着地すれば、脚の後ろ側（臀筋、ハムストリン

グ、ふくらはぎ）を使うことになる。尾骨とかかとを結ぶ仮想のポールをイメージし、着地のたびごとにポールで体重を支えるイメージを浮かべよう。この感じをつかむには、太極拳のすばらしいスタンスが役立つはずである（163ページ参照）。

　下り坂の走りでもうひとつ覚えておきたいのは、できるだけ脚をリラックスさせることだ。脚が堅くなっていると荒っぽい走りになる。おんぼろのバイクではなく、リムジンに乗っているかのような走りにしよう。

●ピッチを毎分170歩以上に保つのが難しい

　これは走っている速さに対してストライドが大きすぎるからだ。ピッチを保つためには、①腕振りを速くする、②ストライドを狭める、③足を上げる、の3点が役立つ（第4章参照）。

　また、ピッチを上げるときは少しずつ上げていくようにする。毎分150歩のピッチを170歩にしたいのであれば、一気に上げないようにする。1週あたり4歩の割合でピッチを上げていけば、体に無理をかけずに5週間で目標のピッチに達することになる。

●すねとふくらはぎ

　すねに痛みを感じるとすれば、すねを使って走っているからだ。足首が堅くなっているか、ストライドごとにつま先で押しているかのいずれかだろう（図7-7）。また、ストライドが大きすぎるためにつま先を前に出さざるを得なくなって、すねがオーバーワークになるのかもしれない。ふくらはぎと足首に「形だけ参加するように」と伝えよう。立っているときはいつでも足を振って、ふくらはぎと足首にリラックス状態を覚え込ませるようにする。

　また、膝から下をぶらりとさせたまま保持しよう。ストライドを狭め、膝から下をリラックスさせる。生徒の1人が、「脚の下のほうはないものと思えば、膝から下をぶらりとさせたままにできる」と話してくれた。膝から下をぶらりとさせたまま足を上げる練習（146ページ）、「砂場での練習」（148ページ）を参照してほしい。

　着地の際には拇指球ではなく（ふくらはぎを使わず）、足裏の真ん中で着地（インナーマッスルを使用）するようにする（図7-8）。ふくらはぎが慢性的に堅いのであればたびたびマッサージし、特に走った後は必ず行う。足首が堅

くならないように努め、トレーニング後に入浴してケアしよう。

　シンスプリント障害から回復したばかりなら、平坦なところを走ることにしよう。坂道を走ると、つま先で地面を押さざるを得なくなる場合があって、障害をさらに悪化させて治りが遅くなる。シンスプリント障害をもって走るのは、膝から下を使わずに走る方法を習得するよい機会になる。なぜなら、膝から下をリラックスさせれば痛めずに済むが、リラックスできずに膝から下を使って走ればたちまち痛みを感じるからだ。

　ふくらはぎを痛める可能性があるもうひとつの原因は、ランニング中に水分を十分とっていないことにある。ふくらはぎに痙攣を起こす羽目になり、激痛のためにすぐに歩かざるを得なくなる。これについては、「筋肉の痙攣」（150ページ）を参照していただきたい。

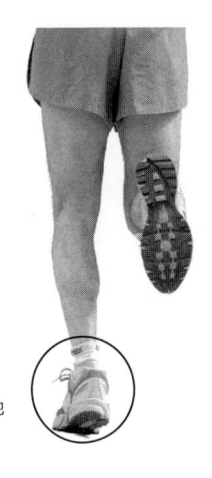

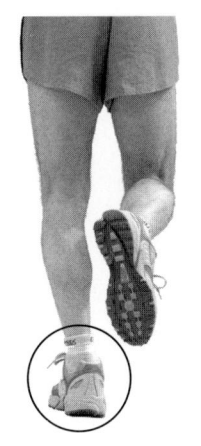

×拇指球で着地
【図7-7】

○足裏の真ん中で着地
【図7-8】

● 足どりが重い

　ストライドの伸ばしすぎであり、足を上げるのではなく、足の反発力を重視しているためだ。足が地面から上がることに意識を集中する練習をしよう。着地ではなく、足を上げることを常に考えるようにする。走るときの正しい姿勢の練習も行い、前傾しているときはその姿勢をずっと保つようにする。

EXERCISE

【膝を曲げる練習】

- 重い足どりを直すのに有効な練習である。膝を上げることなく足を上げるのに役立つはずである（膝は常に低くしておこう）。

【パート1】
- 姿勢を正して立ち、心の中で体の軸を保つ。
- 肘を伸ばして腕を下ろし、手を脚の横にあてる（図7-9①）。
- 膝を低くしたまま柔らかく足を後方に上げ、その場で走る（図7-9②）。すねが地面と平行になるように膝を十分に曲げる（脚を直角に曲げることになる）。ウエストを曲げたり膝を上げたりしないようにする（手を脚にあてておくのはこのためだ）。つま先ではなく、足裏の真ん中で着地するのが感じられるようにする（図7-9③）。つま先で押さないようにする（上下動が多くなるため）。かかとを上げ、膝は曲げるだけにする。
- この練習をしている間、できるだけ膝から下をぶらりとさせる（つま先、足、足首、ふくらはぎなど）。
- その場走りをして、膝を30回曲げる。
- 30秒休む。
- この練習を3回繰り返す。練習中、できるだけ膝から下をリラックスさ

①正しい姿勢で立つ　　②膝を低くしてかかとを　　③足裏全体で着地
　　　　　　　　　　　　上げ、その場で走る

【図7-9】膝を曲げる練習

せることに努めよう。
【パート2／ランニングバージョン】
・少なくとも100mは走れる平坦な場所を探す。
・パート1の練習を1回やってみて、そのときの体の感じを思い起こす（リラックス、足上げ、体の軸をまっすぐに保つ、大腿四頭筋に頼る、膝を曲げる、などの感じ）。
・次に、軸を傾けずに、同じ練習をもう一度行う。まず、その場走りをし、それができたら足の底に注意を向ける。軸の底で着地するのを保っておいて、軸を少し前に傾ける（3～5cm）。体がしていることを変えずに、足首から傾けるのを忘れないようにする。このとき、体が重力に引っ張られるのを感じ取りながら、膝から下をぶらりとさせたままで足首が堅くならないようにしよう。
・20mほど離れた場所に向かって走り、そこを通り過ぎるときに腕を曲げて肘を後ろに振る（普通の腕振り）。正しい動きをしていれば、前傾によって前方に引っ張られるのが感じられるはずだ。足を上げ、前に進む体の動きについていかせる。このとき、ベルトコンベア上を滑らかに走る姿をイメージし、そのイメージを感じ取って忘れないようにする。新しいことを体に教えているのだから、初めはうまくいかなくてもかまわない。脚をリラックスさせて重力に引っ張られる感じと足を上げる感じをつかむまで何度でもトライしよう。

　膝を低く保つのは大切なことである。なぜなら、膝を上げると足が体の前に着地することになり、かかと着地になって衝撃を生じることになるからだ。膝を低くしておけば、体の重心、あるいはそれより後方に着地できるはずである。

● 走るときの足の上げ方を習得するのが難しい
　足を上げるのが難しいのであれば、次に示す練習がよいだろう。ビギナーのクラスでも人気のある面白い練習で、いつもとすっかり違った走り方を学ぶことができる。膝から下を使いすぎるクセを直すのに難儀しているランナーの場合、この練習をすれば足で押さない走り方を習得できるはずだ。砂の中や雪の日に走るときのための練習にもなる。

EXERCISE

【砂場での練習】

- 足を上げ、同時に膝から下をぶらりとさせるのを学ぶのに適した練習である。これを5分間やって、注目に値する成果をあげたランナーが大勢いる。走っているときはいつでも実践してほしい。
- 砂の中を走れる場所を見つける。海岸近くに住んでいれば簡単なことだが、内陸に住んでいるのなら高校などのトラックに行って幅跳び用の砂場を探す。砂場を平らにならして縦方向に道をつける。まずは、薄氷の上を歩くかのように砂場を歩いてみよう。ステップごとに足を上げ、完全にフラットなはっきりした足跡を残すように努める。そのとき、足首をリラックスさせておく必要がある。それができたら、小さなストライドで足を上げて、砂場をごくゆっくり走り、戻って足跡を見てみよう。おのおのの足跡の前部に小さなくぼみがある場合は、足を上げるのではなくつま先で押していることになる（図7-12）。
- 再び砂場を平らにならし、膝から下をすっかりぶらりとさせた状態で、足を上げて砂場を走ってみよう。砂場をかき乱したくない気持ちをイメージしながら、熱い燃えさしの上を裸足で走るつもりでやってみる。上達したら、くぼみや乱れのない、きれいな足跡が残せるようになるだろう（図7-13）。十分に練習して砂の中できれいな足跡が残せるようになったら、次はやって

くぼみができている
【図7-12】

きれいな足跡
【図7-13】

いることを「体で感知」することに努める。そうすれば、日常のランニングでまったく同じ動きができるようになるはずである。
- 砂場に「くほみをつくる」ことなく走れるようになったら、次のことをやってみよう。たいていの幅跳び場には助走路がついているのでそれを利用する。助走路の反対側の砂場の端からスタートして砂場を走り抜けてもう一方の端に達したら、そのまま深い砂でつくられた助走路のつもりで走り続ける。砂場を走るときと同じように空中に浮くように走り、いかに軽やかに着地するかに注意を向ける。この感じを体に覚え込ませておけば、いつでもこのような足の感じで走れるようになるはずだ。以後のトレーニング中に足どりが少し重く感じられるときには、この練習を思い出して砂場にきれいな足跡を残すつもりで走るようにしてほしい。

● 足首

　くどいと思われるのを覚悟でもう一度言う。膝から下のケガのほとんどは多かれ少なかれ使いすぎから生じているのだ。使わなければ痛めることはあり得ない。私が走るときはいつでもどのストライドも常に膝から下をリラックスさせることに集中するようにしている。どうしても必要なときを除いて、膝から下を使わないように努めている。膝から下を使うときがまれにあるが、それはトレイルランニングでごつごつした道を跳びはね回る必要があるときだ。そのときは、障害物の周りを跳びはねるために一時的につま先を使うことになる。しかし、そこを通過したらすぐに膝から下を再びリラックスさせることに集中する。

　足首を痛めるもうひとつの原因は、傾斜のある道路を走るためである。水はけをよくするためにほとんどの道路は道幅の真ん中を高くしてあるため、端を走ると絶えず足首を一方に曲げて着地することになる。ときどきサイドを変えて、それぞれの足首を短時間でしかも同じ時間だけ曲げるようにしよう。車が来ない早朝に走る場合は、道路の真ん中の平坦なところを快適に走ることができる。

　ビーチ沿いにも傾斜がある。旅の広告は美しく見えるけれども、足首にとってはよいことではない。砂浜は常に海に向かって傾斜しているからだ。実際にビーチを走る必要がある場合は短い距離を走ってから引き返し、足首

が曲がるのが一方に偏らないようにしよう。

● アキレス腱

　走るときに膝から下をリラックスさせておけば、アキレス腱のオーバーワークにはならないはずだ。アキレス腱を痛めたら、痛みが治まるまで坂道は走らないようにしたい。坂道走の計画に戻る場合、アキレス腱がいつもの感じに戻るまで、軽くラクなペースで走るようにする。アキレス腱を痛めたときには休みたくなるかもしれないが、歩くなり走るなりするのをやめないほうがいい。治す過程でもある程度は伸ばさないと、早く治っても弱点として残るためにまた痛めることになる。走るには痛すぎる場合はのんびりやることにして、機会が訪れたら走ればいい。腫れをとるにはたびたび冷やすようにするとよい。もう一度言う。「走るとき、膝から下を"リラックス"させよう」。アキレス腱を痛めたときは、膝から下をリラックスさせる方法を学ぶチャンスになる。また、アキレス腱を治す間、脚のコンディションを保つのに水中を走るのもよい方法だ。

● 足裏の筋膜炎

　ぜひとも避けたいケガだ。立った状態でいることが多いので、痛くて治すのに時間がかかる。親指のつけ根とかかとの間に痛みがあれば、足裏の筋膜炎になる可能性がある。その兆候を感じたら、足を氷で冷やして炎症を和らげよう（理想的には少なくとも10分以上、耐えられるだけ氷水に浸す）。そして、痛みが治まるまでは坂道を走らないようにする。足裏の筋肉を強くする方法として足の指にビー玉をあてるか、ビー玉がなければタオルを踏むのもいい。

　時には筋膜炎はシューズの使い古しの尺度になることがある。ランニングシューズのソールは時間が経つとクッション性がなくなってくるので、足裏を痛める原因になり得るからだ。

　また、足裏の痛みを足の別の部分の痛みと間違えることがある。土踏まずに痛みを感じたら、シューズがきつすぎるか、靴ひもの締めすぎもチェックするといいだろう。

● 筋肉の痙攣

　筋肉の痙攣のほとんどが体内の水分や電解質の欠乏によって起こる。体内

の水分や電解質が少なくなると、筋肉を刺激するのに必要な電流が流れにくくなるのである。

　これを防ぐために、トレーニングの30分前に水またはスポーツドリンクを300mlほど飲むことにしよう。1時間以上走る場合はウエストポーチに水かスポーツドリンクを携帯する。どんなスポーツドリンクがよいか、ランニング仲間かスポーツ店に聞いて、走りに出たときにどれが自分の体に合うか試してみよう。飲みやすくてラベルに化学成分らしきものがない飲料を探したい。

　私はレースのときにはカウントダウンタイマーをセットして10分ごとに電解質飲料を飲むことにしている。これによって体内に水分が十分摂取できるので、これまでに筋肉の痙攣を起こしたことがない。

*

　これまで述べてきた助言は、「＜気＞ランニング」テクニックの初めの段階から復習するのに役立つはずだ。石の上にも3年。常に前向きの姿勢でフォーム修正に取り組むことを期待したい。

特殊な状況での対処法

●──新しい地形・環境のランニング

　いつもとは違う地形あるいは違った環境の中で走るたびに、体に受ける感じが変わることに気づくはずだ。やっていることがいつもどおりでない場合は、グレードアップとして対処する。つまり新たな状況に体が慣れるまでは、それを行う時間や強度を軽減する必要があるということである。距離を15〜20％減らし、強度がどの程度和らいだか「体で感知」することを勧める。新しい地形・環境に対しては、体の負担を軽くして徐々に体を適応させていくようにしよう。

　ランニング計画に新たな地形の走りを恒久的に加えようとするときは、ゆっくり少しずつやることにする。まだやったことがないトレイルランニングを計画に加える場合は、通常のランニングの終わり近くに少しだけトレイ

ルランニングを組み入れることにする。そうして毎週少しずつ量を増やしていき、そのうち全トレイルを走れるようにしていこう。どのくらいの量を増やせばいいかわからないときは、いつでも「徐々に進歩」の原理を思い出し、「体で感知」して適正な量を感じ取るようにしてほしい。

● ── 疲れたとき

　走っていて疲れたときに対処できることはたくさんある。疲れを感じたといっても、必ずしも肉体的限界の現れとは限らない。何か必要以上に努力を要することをしているのかもしれない。

　ウエスタン・ステート160km耐久レースの130km地点で体にエネルギーが残っていない感じになった覚えがある。24時間以内にゴールするために、残り30kmにどう対処すればいいかわからなくなったのだ。エイドステーションで止まって、ペースメーカー（いくつかのウルトラマラソンでは中間点を過ぎると誰かと一緒に走ることができる）、アントワネット・アディソンを見つける。私が2年間コーチをした女性で、フォームに集中することすべてを熟知していて、ゴールまでずっと絶えずそれを私に知らせてくれた。フォームに集中し始めると、精神的にも肉体的にもいくらか元気を取り戻し始めた。実際は十分に取り戻していて、ラスト30kmをこれまでのレースの中で最も速く走ることができたのだ。このエネルギーはどこから生じたのだろうか？　前に述べたように、コンディションを正しく整えることができれば、体内に＜気＞が流れるはずである。私の場合、集中してフォームを適正に保っている限り、走るためのエネルギーが得られるのだ。集中が途切れるといつでも歩かざるを得なくなり、タイムロスしてしまう。アントワネットのおかげで、集中することに心を働かせ続けることができた。だからこそ走り続けられたのだ。絶えず彼女に思い出させてもらったおかげで、目標より7分早くフィニッシュできたのである。

　疲れたときは概してフォームがばらばらになって、エネルギーまで余計に使っていることが多い。疲れを感じたとき、思い出して集中することを列記する。

　・ストライドを小さくする。

・姿勢を正す。着地点が上半身の前ではなく、後ろになっているのを確かめる。
・再度、前傾に集中し、ウエストを曲げないようにする。
・ある程度元気を取り戻すまでペースを落とす。
・もっと腹から呼吸するようにし、呼吸を早める。呼吸が遅すぎて、疲れてしまう人もいるからだ。
・あたりを見回す。疲れに集中しないようにしよう。そうしないと、もっと疲れることになる。景色を楽しもう。
・肩をリラックスさせ、3kmごとに30秒間、腕をだらりと下げる。
・かかとを上げ、輪を描くように足を動かす。すり足を避ける。
・特に疲れや痛みを感じる筋肉をリラックスさせることに努める。そうすればオーバーワークになっている部位へのエネルギーの流れがよくなるはずだ。

　これは私の体験だが、疲れたことをあれこれ考えるだけでいかに疲れるか、一方、姿勢を整えてリラックスさせるといかに体の動きがよくなるか驚かされる。

● ── 病　気

　熱があるとき、インフルエンザにかかったとき、体調不良で気温が氷点下のとき、私は走らないことにしている。そうしないと外に出ると息切れするため、肺が広がりリンパ液が循環して、＜気＞の流れが悪くなるからだ。繰り返しになるが、何が必要なのか「体で感知」できれば正しく行動することができるのである。

● ── シューズについて

●新シューズが必要なときを知る方法

　箱からシューズを取り出すとき、シューズの後ろに日付を書き入れる。そのシューズで4ヵ月走った後は、走っている間または後に、脚にいつも以上に負担を感じるかどうか気をつけることにする。いつもに比べて舗装道路が少し固く感じられたり、脚に疲れを感じたりしたら、新しいシューズに替え

てみる。新シューズで走ってみて、こうした感じがなくなれば正しい選択をしたことになる。もし何も変わらなければ、第4章を読み返してみよう。距離を記録しているなら、およそ800km走ったらシューズを替えたほうがいい。そうすれば、もっと滑らかに流れるように走れるはずだ。私はレース用シューズを1,200kmまで使っているが、これは標準を外れた例外だ。

● シューズの正しい選び方

　ランニングシューズを買うときの簡単な手引きを次に述べる。シューズを買いに行ったとき、3つの判断基準、すなわち履き心地、柔軟性、重量の順で判断することを勧める。

　①第一に、履き心地のよいシューズを選ぶ。つま先に窮屈な感じがなくてぴったり合うものがいい。親切なスポーツ店に行って、柔軟性があって軽量でサイズの合うシューズを持ってくるように頼み、どんな具合か試しに履いてみる。つま先にゆとりのあるものを探す。シューズの先に指があたらなくて、締めつける感じがまったくないものがいい。スリッパを履いた感じに近いものがベターだ。

　②第二に、柔軟性があるものを探す。シューズの前部を片手で持ち、もう一方の手でヒールを持って、走るときと同じ動きになるように曲げてみる（図7-15）。どんな曲がり方をするか注意深く観察する。よいシューズは拇指球のところで曲がるはずだ。真ん中で曲がれば、足底の筋肉を過度に伸ばすことになる。曲がらずにソール全体が堅い感じなら、そのシューズはやめよう。着地して足を運ぶ動きの中でよく曲がらないシューズは、つま先に体重がかかってふくらはぎをオーバーワークさせることになる。

シューズを曲げてみる
【図7-15】

　③その次は、クッション性があって軽量のシューズを探す。店によっては手近にはかりを置いているので利用しよう。普通サイズのシューズで

400g以上のものはやめよう。300g以下、できれば230〜260gがトレーニング用として適している。一般にシューズは重ければ重いほど曲がりにくくなる。だから、軽量のレース用またはトレーニング用シューズを求めよう。「＜気＞ランニング」のプログラムを始めたばかりであり、履き慣れた頼りになるシューズがあるのなら、フォームを改良しながら徐々に柔軟で軽いシューズに移行していけばいい。シューズに頼って走るよりも、際立った特性のないシューズで走るほうがランニングに必要な動きをするための足のトレーニングになる。

あるとき、サンフランシスコのチャイナタウンに太極拳の靴を買いに行った。カウンターの向こうの中国人女性に欲しいものを告げたとき、私のランニングシューズを一目見て、その女性が言った。「なぜ、アメリカ人はそのようなシューズを履くのか理解できません……それでは足がバカになりますよ」。その女性がほのめかしているのは必ずしもうまい言い方ではなかったが、シューズに頼らないようにすればするほど足の導きによって体が正しく動くようになる、ということだ。

例えば、裸足で走るほとんどの人はシューズを履いて走る人よりいい走りをする。たまにはシューズを履かずにトラックを走ってみたい。そうすれば、ランニングフォームがどうなるかわかって、かかとで着地しない走りに戻れるだろう。裸足で走ると、かかとではなく足裏の真ん中でソフトに着地せざるを得なくなる。そのうえ、体の重心が着地点より前方に移るように前傾せざるを得なくなるのだ。足が体に正しい走り方を教える一例である。素朴なことはいいことだ。

本当に自分にフィットしたシューズが見つかったら、予算が許せば3〜4足買い求めたい。そうすれば6ヵ月くらいは安心していられる。自分に合ったシューズを見つけるのは、本物の職人を見つけるのと同じように難しいのである。

トレイルランニングをするのであれば、障害をものともしないシューズ、つまり、未舗装道路での粘着摩擦をよくするために突起がついているものが必要になる。注意深く見れば「トレイルシューズ」のラベルがついているが、一般には堅くてぜいたくなつくりになっている。着地の感じが柔らか

くて足にぴったり合ったものを探そう。そうすればトレイルランニングの横の動きに対して、シューズの中で足が滑らなくて済む。

● **ランニングシューズを履き慣らす**

　新しいシューズを買ったら、少し時間をかけて履き慣らしたい。下ろしたてのシューズでいきなり長距離は走らないようにし、体を新シューズになじませ、シューズを体になじませる。箱から取り出したばかりの新品は少し堅いので、その堅さが足と脚にどんな具合に作用するか感じ取るようにする。いつもより足の筋肉に強く作用して、少し違和感や痛みを生じるかもしれない。「徐々に進歩」の原理に従ってゆっくり慣らしていく。最初の遠出は５kmを超えないようにし、その後は、新品で走った距離の２倍を超えないようにする。例えば、新品で５km走ったとすれば、その次は10kmを超えないようにしたほうがいい。

● ——トレッドミルについて

　この項は、北のほうに住んでいて雪や寒さのためランニング計画に支障をきたす人のためのものである。また、トレッドミルでのランニングを選択する人のためのものでもある（私の場合、インドアよりもアウトドアのほうが＜気＞の流れがよくなるので、いつもアウトドアに引き寄せられている）。

　まず言いたいのは、トレッドミルでのランニングは大地を走るのとはまったく違うということだ。機械が大部分の仕事をしているのだから、大してトレーニングにはならない。また、トラックが動いているのでステップを安定させるために足首の筋肉を使うことが必要になる。「＜気＞ランニング」テクニックで走ろうとすれば、前傾し足を上げることになるのだが、トレッドミルのトラックが体に向かって動いているので膝への衝撃が大きくなる。また、足の上げ方が足らず、さらに前傾も足りなければ、脚に大きな衝撃がかかることになる。

　トレッドミルの前部に障害になるものがあるため、前傾するのは難しい。だからといって、トレッドミルの後ろのほうで走ると落ち着かない。人間砲弾になって、いまにも後ろの壁に向かって発射されそうな感じになるからだ。

ともあれ、トレッドミルでの走り方について次に述べよう。
・初めは十分に遅い速度にセットしよう。そうすれば、「＜気＞ランニング」テクニックの姿勢、前傾、足上げ、ピッチに集中しながら、気持ちよくジョギングできる。
・傾斜させて走れるトレッドミルを使う場合は、着地のとき傾斜があるため、かかとが下ろしにくくならない程度に傾けることにしよう。
・たいていのトレッドミルには表示板にタイマーがついているから、ピッチの調整にこれを利用したい。1秒間に3歩走るようにピッチを調整しよう。そうすれば、ピッチが正確に毎分180歩になる。ピッチを180にすれば、ストライドが小さくなって膝への衝撃が和らぐはずだ。衝撃を和らげるもうひとつの方法は足を上げて輪を描くように動かすことだ。
・私がトレッドミルで「＜気＞ランニング」を試したとき、キロ4分20秒のペースより速くすると膝への衝撃が大きくなり、前傾でどのように補ってもどうにもならないことがわかった。トレッドミルを傾斜させて上り坂を走るのと同じようにすると、衝撃が少なくなることがわかった。
・ケガをすることなくトレッドミルで走るために欠くことができないのは、ストライドを小さくすること、足を上げることの2つである。

●——その他のさまざまな秘訣

●シューズのひもが解けないようにする

走っている最中にひもが解けて、かじかんだ手で結び直すようなことがないよう、何度二重結びをしたことだろうか？　シューズのひもが解けるのにうんざりしている人たちには、その問題を取り除く方法が2つある。
①ひもを一度結んだ後、ひもの他のところに1回ではなく2回巻きつけてから、蝶結びをする。ひもを解くときは、ひもの端を引っ張るだけで済む。
②普通に蝶結びをしてから、結んだひもをまとめて下のほうのひもの中に押し込む。このやり方で私のシューズのひもが解けたことはないし、ひもが枝に引っ張られるのを防ぐこともできる。この方法なら引っ張るだけで

ひもを解くことができる。

● エイドステーションで紙コップの水を飲む

　レースのエイドステーションで、紙コップをつかんでから口に持っていくまでに半分こぼした経験があると思う。次のことをやってみよう。手渡してくれるボランティアに礼を言ってコップをつかみ、上部を絞って親指と人差し指の間に少しだけ飲み口を開ける。コップの他のところは指で閉じてこぼれないようにしておく。

● 猛暑日のレース

　とても暑い日にレースをする場合、エイドステーションに氷があるかどうか調べておく。つばのある帽子をかぶり、氷があれば氷塊をつかんで帽子の上に乗せる。つばを使って氷が落ちないようにする必要があるかもしれない。氷が少しずつ解けてくると頭が冷やされるので、頭を働かせたいときには欠かせないものになる。脳の温度が少し上がっただけでも暑さでばてることがあるのだ。氷がない場合は、ハンカチを湿らせて頭に乗せて走ろう。

● オークやつる植物にかぶれる

　どこかで体に触れたのではないかと思ったら、走った後すぐに台所用洗剤で体を洗うことにしよう。葉の油で発疹が広がるので、洗剤で油を洗い落とせば危険はなくなる。

● 止まらずに水分を補給する方法

　カウントダウンタイマーがあれば（ぜひ勧めたい）、10分ごとにセットして、どんなことがあってもそのたびに少しずつ飲むことにしよう。電解質飲料入りの水筒を携帯すれば役に立つ。水分補給は脚に痙攣が起こるか起こらないかの大事な分かれ目になるのだ。

● 走りながらフォームを修正

　ブザーが鳴ったら、フォームもチェックしよう。どこかに力みはないか？　筋肉の使いすぎになっているところはないか？　足どりが重くないか？　足を上げているか？　リラックスした呼吸になっているか？　スマイルは？

● 疲れ

　疲れたときに行う最も重要なことが2つある。それはストライドを小さくすること、もっと前傾すること、である。

トレイルランニングにおける厳しい上り坂・下り坂の走り方

■ 上り坂

　上り坂のランニングについて述べることはたくさんある。大事な点は、ランニングに高度が加わることだ。丘の頂上から上ってきた道を振り返れば、何か満たされるものがあるだろう。坂道を上るのがきついと思ってしり込みする人が多いが、ちょっとした秘訣があってそれが解決の手がかりになる。坂を上るのが大してきつく感じないようになるには筋肉をトレーニングするのではなく、テクニックを磨けばいいのだ。

　「＜気＞ランニング」のテクニックを磨けば、平坦なところだけでなく、坂道もラクに走れるようになる。平坦なところを走るときは、体は2つの部位——上半身と下半身——が協同して走りに貢献する一対のものとして考えるよう前に述べた。坂道を走るときはこの貢献の割合を変えて、脚がオーバーワークにならないようにする必要がある。坂道では上半身をもっと働かせることが必要なのだ。5対5の割合を6対4、ないし7対3くらいの割合に変える必要がある。上半身の働きを増やすだけではなく、下半身の働きを減らすことも必要になる。下半身の働きを減らす一番よい方法はウエストから下の部位すべてをできるだけリラックスさせることだ。脚をリラックスさせてストライドを小さくすれば、低速ギヤに切り替えることになる。坂道で車の運転をするのと同じだ。エネルギー効率をよくするために、体も車も物理法則に従う必要がある。だからギヤを切り替えるのである。

　脚をあまり使わないので、エネルギー消費を上半身にシフトすることが必要になる。まさに必要なのは、腕を振ることと前傾することだ。

　上り坂を走るときにもうひとつ大事なのは、坂に向かって体を前傾させることだ。これについて考えてみよう。平坦なところを走るとき、地面に対してある角度で前傾する。坂道に向かうと直立に戻されそうな感じになって、体の前に足を振り出すことになるかもしれない。そうなれば坂に向かってストライドを伸ばすことになるから、ハムストリングと脚の下部がオーバーワークになるはずだ。これを防ぐためには前傾姿勢を保って、体の重心の後ろに着地できるようにし、決して体の重心の前に着地することのないようにしよう。

上り坂で忘れてはならないこと。それはストライドを狭め、前傾し、腕を振り、脚をリラックスさせることだ。そうすれば、走りがラクになって、坂道でも平坦地を走るのとさほど変わらない感じになるはずである。

■ 下り坂

　気持ちよく滑らかに坂を下る走り方のカギは、肉体的にも精神的にもリラックスする方法を学ぶことだ。坂を下るときに筋肉が緊張していると、必要以上に脚に衝撃がかかり、すぐに疲れることになる。坂を下るときに精神的にリラックスする方法を学ぶことにはとても難しい面がある。なぜならほとんどの人が自己最高スピードで走っているからだ。

　大切なのは、脚と背中の衝撃を和らげて、坂の頂上を通過するときと同じコンディションで坂の下まで到達できるようにすることである。私にとっては坂を下るのがトレーニングの中で一番楽しめるランニングだ。最も速いコースを求めて斜面を流れ落ちる水の流れに自分を重ね合わせることにしている。そのときはリラックスでき、身を任せることができて、重力に運んでもらっている。

　私は下り坂を走る場合の坂を2種類に分けている。ブレーキをかける必要がないほどのなだらかな坂は「走りやすい下り坂」と呼ぶことにする。そこでは股関節を含む腰部全体を柔らかくしてストライドを伸ばし、重力を利用して走るようにしたい。この種の坂では夢のようなスピードで走ることになるが、そのとき体をほぐしてリラックスさせ、力まないで走る方法を学ぶことができる。

　一方、急な下り坂の場合はゆっくり下ることにして、制しきれなくなるようなことのないようにしよう。このような坂を「走りにくい下り坂」と呼ぶことにする。

《走りやすい下り坂》

　走りやすい下り坂で集中することを列記する。下り坂を走れば、一段上のスピードと柔らかさを体験するのに役立つはずである。

・気持ちをリラックスさせ、スピードに身を任せる。
・ウエストから下の部位すべてをリラックスさせ、特に大腿四頭筋とふくらはぎに注意を払う。
・上半身が着地点より前に出るように前傾を保つ。

- 骨盤を回す動きによって腰部をリラックスさせ、脚を後ろに振り伸ばすたびに腰部が後ろに引っ張られるようにする。そうすれば骨盤を回すのに役立つはずだ。骨盤を回せば、ストライドを後方に伸ばすことができる。どのストライドもできるだけ長く着地するようにし、足を上げるのをほんの一瞬遅らせることができれば、ストライドが後方に伸びるときに腰部の骨が脚によって後ろに引っ張られる感じになるはずだ。
- 垂直に踏みつけるようにする。下り坂を走るとき、肩を後ろに引くランナーが多い。これでは腰部が湾曲して仙骨に力が加わることになり、脚が前方に出すぎてかかと着地になる。適正な姿勢（骨盤を水平にして肩をわずかに丸める）を保てば、腰部がまっすぐになって仙骨への衝撃が少なくなるはずだ。例の「地についたスタンス」を保てば、肩をわずかに丸めて腰部をまっすぐにすることになる。走っていないときにこのスタンスの練習をしよう。そうすれば下り坂でいい走りができるようになる。

EXERCISE

【骨盤を回しストライドを伸ばす練習】

- 走りやすい下り坂でスピードが出るとき、ストライドを伸ばせるように股

【図1】 ニュートラルの位置——背骨のひねりがない

【図2】 骨盤を回すとストライドが伸びる

関節を含む腰部全体をリラックスさせる練習である。脚を後方に伸ばすたびに腰も一緒に引っ張るようにしよう。そうすれば骨盤を回すことができて、背骨を少しひねることになる。そのひねりに注意を向けよう。それは、腰部全体をリラックスさせ骨盤をよく回していることの現れなのだ。骨盤が肩と逆方向に回るので、背骨にひねりが生じるのである。

- どんなスピードでもこれを行うことができる。速く走れば走るほど、ウエストから下をリラックスさせる必要が生じてくるはずだ。股関節を含む腰部全体をリラックスさせれば、ストライドが7～12cmは伸びるはずである。
- 図1を見ると、脚が後方に伸び、腰がニュートラルの位置になっている。腰の位置がA、つま先の接地点がaになっている。
- 図2では、脚が後方に伸びると同時に骨盤が回っているのがわかる。腰の位置がAからBに移動し、つま先がaからbに移って、ストライドが約7cm伸びているのが見てとれる。腰部全体をリラックスさせると、背骨にひねりが生じて骨盤がよく回るようになり、何の努力もせずにスピードを上げることができる。

《走りにくい下り坂》

急な下り坂をリラックスして気持ちよく走れるようにするために集中することを列記する。

・車で急坂を下るとき、アクセルを踏むのが正しいだろうか？ アクセルに相当するのが前傾なのだから、急な下り坂では体を垂直に戻そう。

・ストライドを狭め、なるべく足に全体重がかからないようにして、ステップごとに足を上げることに集中しよう。この集中だけで、大腿四頭筋と足が受ける衝撃をかなり軽減できるはずだ。速く下りたいのであれば、足を上げるのを速くするだけでいい。そうすれば脚への衝撃を増やすことなく、速く走れるはずだ。

姿勢を垂直に、体重をかかとに
【図3】

- 道幅に余裕があればジグザグに下ろう。
- 肩を下げて、リラックスさせよう。体を安定させる必要があれば、手をわきから離してバランスをとる。リラックスさせるのは肩だけではない。体全体、特に脚をリラックスさせればさせるほど、滑らかに走り下りることができるはずだ。
- かかとに体重をそっと乗せ、脚の後ろ側を使って衝撃を吸収するようにしよう（図3）。

EXERCISE

- 次に述べる太極拳のスタンスは下り坂に対して脚を強くするのに役立つ。
- まず「地についたスタンス」をとる（図4）。次に、片方の脚を前に出す（図5）。体の真下の脚に全体重を乗せる。膝をわずかに曲げ、耳・肩・腰・足首を結ぶまっすぐな軸を保つ。前方の脚をリラックスさせて、体重をかけずにかかとを地面につける。

地についたスタンス
【図4】

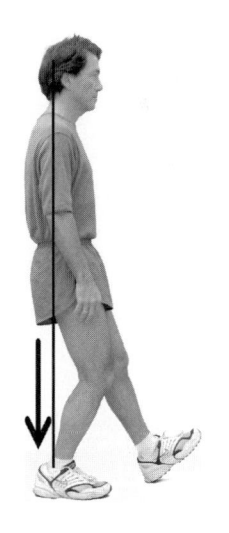

片方の脚に体重を移し、かかとに向けて尾骨を落とす
【図5】

- 脚を左右変えて、毎日1〜2分はこの姿勢で立つ練習をしよう。
- かかとから尾骨につながる仮想の支柱があるものとみなそう。脚が強くなってくるにつれ、もっと長い時間、この姿勢を保ち続けられるようになるはずだ。私にとっては、下り坂を速く走り、しかも大腿四頭筋への衝撃を少なくするのに役立つ最も効果的な練習である。

CHAPTER 8

ピーキングとレース

　何か目に見えない力によって、偶然にピーキング（コンディションを頂点にもっていくための調整）ができるのだと思っている人が多い。時には神の恵みで偶然にできることがあるのかもしれないが、コンディションをうまく整えることでこそ、ランニングやレース、そして生活の中でピーキングができた状態をたびたび体験できるようになるはずだ。ピーキングは神がかり的に生じるものではないのである。

　ピーキングは、レースのためというより、いかに自分を向上させるかについて明確なビジョンをもち、それを具体化する目標を設定し、学び、練習し、トレーニングを積んで、そのビジョンに向かって体が動くようにするためのものだと言える。時期を得たら、試しに一度レースに出てみると、やってきたことの是非が認識できて、留意を要することが残っているのを知る手立てになる。ピーキングは、6ヵ月以上かけて計画的にやってできるものかもしれないし、普通のトレーニングをしている間に、ある日、自然にできるものかもしれない。いずれにせよ、できることすべてを活動の中に取り入れ、それをずっと継続しているうちにピーキングができるのである。

　また、ピーキングは、結果だけで評価するものではない。表面的なことだけでなく、内面的なことも合わせて評価すべきものだ。レース前にどう感じ、レース中にどう感じ、レース後にどう感じたかといったことと、レースの結果を結び合わせて評価すべきものである。

　ピーキングができると、「自然」の流れの中で動いているのが感じられる

ようになる。しようと思っていることと「自然」との調和がとれて、＜気＞の流れがよくなるのだ。レースでフィニッシュしたとき、ベストを尽くしたことが実感できて、できる限りのことをやったという感じが得られる。この点からも、ピーキングは必ずしも最も速い走りをするためのものではないのかもしれない。

　ピーキングをどのように考えるかは、コンディショニングや能力のレベルによって決まることになる。5kmを速く走るのが目標なら、10kmに向けたピーキングはしないはずだ。同様に、坂道を走ろうと思わないのなら、アップダウンの多いコースに向けたピーキングはしないはずだ。ピーキングはやってみようと思うことを成し遂げるために行うものであり、トレーニングの始めからレースの最後のストライドまで、しかるべき意図をもって行うものである。

ピーキングの考え方

　私がレースを好む主な理由は、長期にわたるトレーニングの成果を試す絶好の機会になるからである。レースだけではなく、トレーニングも作戦を練るのも好きなのだ。私にとってレースは、うまく「準備」できたか、「研究」がうまくいったかどうかを試す最終試験のようなものだ。これまでの走りに比べて、いい走りができたときは好い一日になる。年代別でトップになれば花を添えるものになるが、それが目的ではない。たとえ誰かが私より先にゴールしようとも、ピーキングができていい走りができれば目的を達したことになる。

　教室でレースやピーキングの話をすると、いつでも「年をとりすぎている」「遅すぎる」「調整などができていない」などの言葉が返ってくる。それらに対して、「レースがピーキングを行う絶好の機会になり、レベルを問わず、誰でもピーキングはできる」と応じている。ピーキングを行うことに有能である必要はない。必要なのは、やっていることにあらゆる知識を取り入れることだ。ピーキングに向けて努力するのは、すっかり違った自分自身を知る機会になる。あらゆるものをよみがえらせて、よいコンディションに整

えることができたとき、不思議な力が生じるのである。

　レースにまつわる不安がたくさんあるため、どんな走りになるか心配になるかもしれない。そんなとき、レースは試しにやってみるだけのもの、と考えるのもいいかもしれない。あれこれ考えて緊張してしまう場合、うまく対処する最善の方法はそれを取り除くことだが、そのためには毎朝鏡で自分の顔を見て緊張の原因になっているものを調べる習慣を身につけておきたい。

　本章では、いかに賢くトレーニングをして、いかに賢く走るかについて言及している。ピーキングは筋肉に関することではなく、心にかかわることだと言える。必ずしもレースのためだけのものではない。正しい心構えで取り組めば、その人にベストのものがもたらされることになる。ピーキングはレースで成果をあげるためというより、意図をもち、秘術を尽くし、徹底的に行って、何かよいことをする、つまり、真にベストを尽くすためのものである。

　私にとってレースは、ピーキングに向けた準備のでき具合を試すものになる。最高にいい走りができるようにするために、どのように準備するかに心を配るのだ。いいレースをするためにあらゆることをして、ピーキングを行うのである。

　そこで、レースに向けたピーキングを行うにあたって留意すべき事柄を列記しよう。

- **テクニック**：「＜気＞ランニング」で集中することを熟知し、利用の仕方に精通するよう努める。テクニックの中で特に弱点と思われる面に熟達するよう絶えず努める。
- **トレーニング**：自分自身に合ったトレーニング計画を、日、週、月ごとに立てる。その計画に前向きに取り組み、辛抱強くトレーニングする。開始してからレース当日に向けて、肉体的、精神的にベストコンディションにもっていくために何をする必要があるかを認識する。
- **レース**：どんな意図をもってレース当日に臨むか、難事業遂行のための明確なプランを立て、トレーニングを積んできたことすべてを生かすための戦略を練る。

レース向けトレーニングの計画──準備と実行

　私はいつも学校の試験の成績が悪かった。勉強しなかったことに加えて、試験の問題に出そうな箇所を予想するやり方も知らなかった。あまり勉強していなさそうなのに試験の成績がよい友だちがいた。どうしてなのかと聞くと、「ヤマをかけて勉強しただけさ。あとはもっともらしく答案を書けばいんだ」といつもの答えが返ってきたものだ。

　いまでは、レース当日が試験である。レースは試験の身体バージョンだと言える。どれほどうまく準備できたか、あらゆる問題をどれほどうまく処理できたかの尺度になるのだ。この種のテストにうまく対処する方法を、長年レースを通して学んできた。本章に私の体験から得た少しばかりの秘訣を述べている。

　レースで最高にいい走りをしたいとの思いがどれほどあるだろうか？　多くのレースを経験したベテランにせよ、初レースの人にせよ、レースに向けて何週間もかけてやるべきことをやって初めて望みがかなう可能性を最大にすることができるのである。

　多くのレースで地元の人が優勝しても驚くにはあたらない。「地元の利」と言う人もいるが、これにはどんな意味があるのだろうか？　単純には、地元の人はそのコースで十分に練習して、コース全体にわたって微妙なニュアンスを熟知していることだろう。どこで休めるか、どこでペースを上げればいいか、力の出し方をどのように調整すればいいか、コースの状況に応じてなすべきことを細部にわたって熟知しているのだ。賢いランナーは、コースの状況に応じて、何を期待し、どんなトレーニングをすればいいかがわかるものである。だから、距離がどうであれ、レースに向けたトレーニングをすれば、とても有利になるのだ。それがライバルに勝つためであっても、自分をピーアールするためであっても。

　レース向けトレーニングとはどんなものだろうか？　特定の競技種目に体を適合させるべくトレーニングすることである。こうしたトレーニングによって、レース当日に生じる状況に対処できるよう準備を整えるのである。

コースはフラットか、アップダウンが多いか？ エイドステーションはどうなるか？ 道路はアスファルトか？ 気象条件はどうか？ スタートは混雑するか？ こうした問いに答えられれば、レース当日に向けてどのようにトレーニングし、準備すればいいかはっきりとわかるはずだ。レースの特殊状況に無防備で臨みたい人はいないはずである。

ちょっとした計画であっても道のりは長いのだから、2〜3ヵ月前からレース向けトレーニングを始めるのがベストだ。これはコンディションを整えるどんな場合についても言えることである。

まず、どんなトレーニングをすればいいか判断するために、レースに関する諸条件を調べる。インターネットのウェブサイトに必要な情報が提示されていることが多い。遠方の場合は、地図と高低差の側面図を送ってもらうよう大会事務局に依頼する。あるいは、レースに参加したことのある人を探して、詳しい情報を聞き出すことにも努める。近くの場合は車でコースを走ってみる。試走できればなおいいだろう。そうして、コースの状況をキロごとにメモをしておく。

そこで、レース向けのトレーニングをどのように開始するか、自問すべき項目をあげ、いくつかの提案をする。レース向けトレーニングは、地形、細部の計画・実行、個人的経験の3つの要素を中心にして計画され実行されることになる。

● ── 地 形

- **レースの最初の2kmをどのように走るか** ── コースの最初はフラットか、上り坂か、下り坂か？

まずは、レースの最初の2kmの地形に合わせて走るトレーニングから始める。レースの約2ヵ月前に、予定の平均ペースよりも遅いペースでスタートする練習をしよう。私の場合、道路に400mごとに目印をつけて、最初の2kmを予定のペースで走る練習をしている。このやり方は400mごとのペースを細かく調整できるので、2km走ってからペースがずれているのに気づくようなことにならずに済む。

- **コースの路面の状態はどうか？ コースの途中でそれが変わるか？**

何度か、レースのコースと同じ路面を走るトレーニングをする。
- 坂道があるか？　長さはどれほどか？　勾配はどれほどか？　何km地点にあるのか？

毎週の走りの少なくとも1つに坂道走——できれば同じ長さ、同じ勾配の坂——を入れることにし、トラックでのトレーニングをこれに代えることにしよう。坂道走トレーニングのねらいは気持ちのよいペースを保って脚が疲れないようにすることであり、これはテクニックの練習にうってつけである。

レースと同じ地点で坂道を走る練習、例えばレースの5km地点に坂があるとすれば、トレーニングでも5km走ってから坂道走をする。コースの地形がわかる模型を考案して、毎週のトレーニングの中でそれに合わせた走りをする。

- コースの標高はいつもトレーニングしているところより高いか？

著しく標高が高ければ、レースの2週間前までに同じ状態に順応させるランニングをする。近くに高地走のできるところがない場合は、走るトレーニングをしている間に腹式呼吸の練習をすると酸素摂取能力を高めるのに役に立つ。コースの標高が低ければ幸運に感謝しよう。

● ——細部の計画・実行

- エイドステーションは何kmごとにあるか？　何を置いているか？

レースでは、いままで飲食したことのないものには手を出さないようにする。どんなスポーツドリンクがアレルギーになるかわからないのだから。エイドステーションの間隔が空きすぎる場合は、飲み物を持って走るようにしよう。出されるスポーツドリンクを飲むつもりなら、それが自分の体に合うものかどうか、トレーニングで走っている間に試飲しておきたい。

- 大会の規模は——何百人か、何千人か、何万人か？

自分をアピールするつもりなら混雑するレースは避け、集団の前のほうからスタートする。

- レース当日のスタート時間は？

レースの2週間前からは、スタート時間と同じ時間に走り始めるトレーニングを多くする。

- 友だちと一緒にレースを走るつもりなのか、それともスタートだけ一緒なのか？

　スタートのペース（予定の平均ペースよりも遅く）を入念に練習しておいて、集団に押し流されることのないようにする。

- 水分補給の計画は？

　気温が高い時期なら、水分補給の練習をして暑さに備えることにしよう。自分の限界を知り、どのくらいの飲料が必要かを知ることに努める。これには個人差があり、私の場合は10分ごとに口いっぱい飲めば脱水状態にならず、また止まって用を足すことにもならずに済むことがわかっている。

　長距離走のときが自分の体の耐えられる限界を知る機会になる。カウントダウンタイマーを利用すれば、飲む間隔によって体にどのように作用するかを知ることができる。

● ──個人的経験

- これまでにレースと同じ距離を走ったことがあるか？

　レースに先立って同じ距離を走り、体がどのような状態になるかを経験しておけば身体的にも心理的にも有利になる。レース当日は新しいことを体験するのには適していないのだから。

- レースまでに何週間あるか？

　レース当日にベストコンディションになるように、十分に時間をかけてトレーニングのテーパリング（トレーニングの走行距離を次第に減らし、走るペースは維持する調整）をする。レース2ヵ月前から、日常のトレーニングにレース向けトレーニングを組み入れる。

- レース当日近くに、体を使うイベントの予定があるか？

　レースが大事なら、イベントはキャンセルする。前日にガーデニングに夢中になって、レースを台なしにした人がいたのを知っている。前日は休息する計画を立てる。開催地まで旅行するのであれば、早めに行ってコンディションを調整しよう。

● ──レース向けトレーニング中の留意点

　前述の質問につけ加えて、レース向けのトレーニング中にすることのガイ

ドラインを次に列記する。

- **水分補給**：走りながら水を飲む練習をする。トレーニング前およびトレーニング中に電解質飲料を飲むようにする。汗をかいて、欠乏した体内のミネラルを補うのに役立つはずだ。トレーニングで走るときやレース中に15〜20分ごとに60〜120mlの水を飲むのがいい。レース前およびレース中は十分に水分をとることにし、レースの2時間前に少なくとも360〜600mlの水を飲むようにする。

- **トレーニング中の食事**：激しいトレーニングの後は、いつも良質のタンパク質（肉、魚、豆腐）を食べるようにする。筋肉細胞の組織をつくる助けになる。体力を試すようなトレーニングをする前夜には、炭水化物食材（パン、米飯、パスタ、デンプン類）を食べるようにする。同様に、激しいトレーニングの前夜は重いものを食べるのを避けるよう努める。

- **レース前の食事**：レースの4〜6日前には、朝食と夕食にタンパク質を食べるようにする。レース3日前から前日には、野菜とパスタ、穀物類炭水化物のみ（タンパク質のないもの）を食べるようにする。

- **レース当日の食事**：血液に糖が補給されるように消化のよいものを食べる。軽いもの——バナナ、ハチミツとトースト、果物、レーズンなどを食べるようにし、慣れていないものは食べないようにする。

- **レース後の食事**：レース後に良質のタンパク質を食べると筋肉細胞の組織をつくる助けになる。またレース直後に、緑黄色野菜のサラダなど野菜類を食べるのはミネラルを補うために大事なことである。

- **シューズ**：レースに新しいシューズを予定しているのであれば、遅くともレースの2〜3週間前には試しに履いて走ってみる。箱から取り出したばかりのシューズは堅いことが多いので、履き慣らさずに走るとマメができるかもしれない。

- **スタートのペース**：スタート時のペースの練習をする。絶対に速すぎることのないようにする。速く飛び出しすぎて2〜3kmでばてる人が多いが、気持ちよい落ち着いたペースになるように考えてスタートしよう。筋肉がほてる感じなら速すぎるのだ。リラックスすれば、いい走りになるはずだ。

レースの最初の1kmに見立てて道路に目印をつけ、レースで予定している平均ペースより20秒くらい遅いペースで最初の1kmを走る練習をする。これがスタートのペースになる。それがどんな感じか体に覚え込ませて、レース当日に思い出せるようにしておく。
- **テーパリング**：レースの2週間前からは強化トレーニングやスピードトレーニングはやめて、トレーニングの量を次第に減らすようにする。ゆっくり走るのではなく、走る時間を減らすのであり、通常のトレーニングと同じペースを保つようにする。それが脚のキレを保ったまま休ませるのに適している。
- **イージーとハード**：それぞれの週にイージーな走りとハードな走りを交互に行う。そうすればオーバートレーニングの恐れがなくなる。ある日に坂道走をしたら、次の日には平坦なところを走る。スピード練習をした次の日はイージーなトレーニングにする。
- **アップダウンの多いレースの場合**：短いインターバルで坂道走のトレーニングをする。1～2分間上り坂を走ってから、1分半下り坂を走るやり方がいいだろう。ラクなペースでスタートし、インターバルごとに徐々にスピードを上げていくようにする。ウオーミングアップを十分にしてから坂道走のトレーニングに入る。少なくとも3kmは走ってから、坂道を上るようにしよう。そうすれば、冷えが原因で筋肉を痛めるようなことにならずに済むはずだ。
- **仲間と一緒にトレーニングする**：トレーニング仲間を見つけ、互いに励まし合ってそれぞれの計画をやり通すようにする。互いにランニングフォームを論評し合うことによって助け合うことができる。
- **レースのコースを熟知する**：地図を手に入れて、コースの全区間を車で走るか、試走する。そうすれば、どこにどんなことがあるか予測できる。
- **走っている間に休息を入れる**：走っている間に疲れてきたら、全身をリラックスさせて足首から前傾させる。重力の働きを利用し、脚を休ませる。
- **アスファルト路面のランニング**：トレーニングで走りに出たとき、薄氷の上を走るような状態をイメージすれば、軽やかな足どりで走るトレーニングになるはずだ。舗装道路を走るレースであれば、トレーニングの大部分は

舗装道路を走るようにする。

● ── レース当日のアドバイス

　レース当日を記念すべき日にするために、覚えておきたいことを列記する。

・駐車のための時間を十分に見込んでレースに向かう。スタート地点まで歩き、軽いジョギングでウオーミングアップをする。
・腕時計のカウントダウンタイマー（持っていれば）を10分ごとのアラームにセットする。アラームが鳴ったら、飲料を飲み、フォームに集中し、特に姿勢と前傾をチェックする。
・レースの20分前にウオーミングアップをする。体がどれだけ必要と感じるかにもよるが、少なくとも1～2kmのジョギングをするとよい。ごくゆっくりしたペースで走り、これは筋肉を温め、血液の循環をよくする目的であることを忘れないようにする。ウオーミングアップの後、軽いストレッチングをすると、レース前の緊張をほぐすことができる。また、体をほぐす運動をすると、さらに注意して集中したいことに気づくはずだ。レースの20分前になったら、再度シューズをチェックし、ひもの具合と解けないかどうかを確かめ、10分ほど軽くジョギングをしてから軽くストレッチングをし、それから軽く加速して走ろう。
・号砲に間に合うように、頃合いを見てスタート地点まで歩いて行く。立ったままでいて脚の調子を悪くしたくないはずだ。早く行きすぎたり、スタート時間が遅れたりしたら、脚を動かし続ける。脚を振り動かしたり、その場でジョギングしたり、歩いたりして、小刻みに脚を動かそう。
・レースが始まったら速く飛び出さないようにして、最初の1kmはラクなペースで走る。1時間以上走る場合、初めに1～2分ロスしていても心配することはない。完走するだけになってしまうか（あるいはそうでないかもしれないが……）、いいレースになるかの分かれ目になるのだから。
・最初の2kmのペースをチェックする。予定より速ければ調整し、リラックスし、気持ちを落ち着かせよう。「このペースは悪い感じではない。このままでいこう」などとつぶやいてはいけない。後でつけが回ってくるは

ずだ。次の距離表示を見て、調整できているかどうかチェックしよう。
・距離表示を通過するおおよその時間をあらかじめ設定しておく。多少遅れていても、自分を責めないようにしよう。
・のどが渇く"前に"飲むようにし、痙攣を起こす"前に"水分を補給し、疲れる"前に"フォームを調整する。
・疲れたときは、いつも次の3つのことをする。①姿勢をまっすぐに、②ストライドを狭め、③足首から前傾。

　さらに、実証済みの元気を出す方法をつけ加える。顔を上げ、スマイルを忘れず、誰かに話しかけ、周囲の状況を見回し、前を走る人を「手繰り寄せる」ようにし、腕をさらによく振り、集中することをチェックし、さらにスマイルを忘れないようにしよう。
・ボランティアに礼を言い、追い越すランナーを元気づけよう。
・レース後の回復。クーリングダウンとストレッチング、脚の血液の入れ替えをして（96ページ参照）、飲み物を飲む。家に帰ったら、すぐに風呂に入る。風呂に入っている間に、今日やったことに思いを巡らせる。今日どのように感じたか？　しようと思ったことができたか？　予想を上回ったか？　走り終え顧みて、どんなことであれ、体験から生じたプラスになるものを見つけることに努める。各人それぞれに教訓になるものがあれば、これからのトレーニングに生かすようにする。

　それから、脚をマッサージし、さらに水を飲み、良質のタンパク質の食事をする。それに値することをしたのだから。
・レースの次の日は自転車に乗ったり歩いたりして脚をほぐす。その後、ストレッチングをして風呂に入る。

＊

　レースがうまくいくかどうかは、レースに向けた準備がどの程度できているかに直接かかわってくるはずだ。これはどのレベルについても言えることである。これまで述べた秘訣や助言が肉体的に有利になるのに役立つものもあれば、心理的に有利になる助けとなるものもあると思う。自分でうまく準備が整えられれば、ベストのレースができて、よい成績が残せるはずである。

CHAPTER 9

ランニングと人生

　日曜日の気持ちいいランニングから帰ってきたばかりのいま、新しく生まれ変わった人間のように感じている。今週はいつもより忙しかったので、リフレッシュするために丘まで走りに行く必要があると思っていた。原稿の執筆などで、昨夜は徹夜したので少々疲れ気味だったが、丘の小道の起点に着いたときには心の底から走りたい気持ちがわき上がってきた。なぜなら、すがすがしい気持ちになって車に戻れることがわかっていたからである。実際、2時間走っているうちに、すっかり元気を取り戻すことができた。以前なら、元気を取り戻すのに何日もあるいは何週間もかかっていたかもしれない。いまはいくつかの自分で決めた約束事があることに感謝しなければならない。ずっと続けているランニング、質のよいダイエット、親しい人たちとの快適なコミュニケーション、そして、これらのどれをも中止するつもりがないのをはっきり認識していることだ。

　私が住んでいるところは隣同士の結びつきが緊密なところで、雨が降り出すと隣家のドアをノックして車の窓が開いているのを知らせてあげられるような、とても狭いところである。そのような地の道路の向かいに住んでいるのがマーガレットである。こまめに立ち働き、一族みんなの面倒見がとてもいいので、村の長老のように慕われている人物である。第二次世界大戦直後からこのふるさとに戻って住んでいる。私が一番感服しているのは、彼女の人生に向き合う態度である。庭の植木に水やりをしているのをよく見かけるので、「お元気ですか？」と声をかけると、決まって目を輝かせ、明るい言

葉が返ってくる。「とてもありがたいことに……今日も目が覚めましたのよ。あなたも私ぐらいの年になれば、このようなことが大切に思えるようになりますよ」。言っていることのどれもがもっともだと思った。彼女は明日という日がもう来ないかもしれないと思っているからこそ、毎日を有意義に過ごせているのであり、その生き方が私のモデルになっている。かくしゃくとして身なりが実にきちんとしている人だが、それは、よく食べ、よく体を動かし、人の世話をして、日々の生活を宝物のように大事にする姿勢を何年ももち続けているからである。

　人生をいかに生き、いかにまともに向き合うかといったことに関して自分自身をトレーニングしようとしても、現今の文化には教えられるようなものがほとんどない。外面的なことに焦点をあてているものが多すぎて、内面で起きているものを考慮することにほとんど注意が向けられていないからだ。内面的なものを大事にしたいものだが、それは孤立主義であれとか自己本位であれということではない。伝えたいのは、何よりもまず自身のフィーリングを感知し、それを認めて真に自身の分別から行動を起こすこと、「受けそうだから」「あまり受けないだろうから」といったようなへつらう考えから行動を起こさないこと、そうすれば社会に最もよく貢献できるだろうということである。

　このような自分の核となるようなものを、どのようにしてとらえればいいのだろうか？　第2章で述べた原理の中で、一番重要なのは「柔と剛」である。走りに出るときはいつでもこの原理を実践するようにしたい。そうすれば、ランニングにおいても人生においても、しっかりした中心になるものがもてるようになるはずだ。「＜気＞ランニング」のテーマには、すべて「柔と剛」の考え方が吹き込まれているが、それは計画を立てること、リラックス状態を維持すること、深い呼吸をすること、心のバランスを保つこと、一歩一歩着実に進歩していくこと、謙虚に難題やつまずきに向き合うこと、揺るがないしっかりした基礎を築いて行動を支えること、といったものである。「＜気＞ランニング」の中でこれらのテーマを絶えず実践しているうちに、それがどれほど人生に活かせるものであるかわかってくるはずである。

　生徒が話してくれたことだが、困った状態になったとき、いつでも自問す

るという。「もしこれがランニングだったら、どのように取り組み、どのように調整するだろうか？」。自分自身が体得した内面からの知恵で答えを出して、問題の解決に役立てられなかったことはなかったという。その女性からの最近の手紙を紹介する。

ダニーへ
　「〈気〉ランニング」の真の利点は痛めることなく走れるだけでなく、人生のあらゆる面にその考え方を応用できることだと思います。私がいまやってみようと思っているのは、「フォーム」を正す考え方を活用して、ストレス、あるいは別種の痛み（例えば精神的な苦痛、知的な苦悩）から解放されて、人生をもっと自由にラクに生きるよう役立てることです。効率よくラクに走ることに利用されているのと同じ原理を自分の人生に応用すれば、クレージーで混沌としているように見えるいまの世の中をもっと静かに穏やかに暮らすことに役立てられるのではないか、と思えるようになってきたのです。疲れを感じたり困惑したりしたときに努めてリラックスできれば、あるいは、ストレスや不安を感じたりしたときに自分の核となるものに戻ることができれば、そのときは間違いなく「〈気〉ランニング」の原理を借用していると思います。
　純粋に肉体的な見方をすれば、「〈気〉ランニング」によってより速くより長く走れるようになり、間違いなくリラックスして気持ちよく走れるようになると思います。けれども私には、それ以上のものがあるように思えるのです。「体で感知」の原理を実践し、筋肉エネルギーを効率よく使うことによって、走りをエンジョイできるようになっただけでなく、心と体の状態をすべて感知して、人生でエネルギーを浪費しないようにすることを教えられたのです。心と体の全体に及ぶ集中を行い、この考え方を実行に移すことによって、真の心の安らぎと幸せが得られることがわかってきたのです。
　　　　　　　　　　　　　　　　　　　　　　　アーガ・グッドセール

　私が「〈気〉ランニング」を実践することで役立っているのは、自分の体との強い結びつきをはっきり感じ、またそれを持続できることだ。それは「内面の自由を得ること」ときっぱり言い換えられる。内面の自由があれば、難題に直面してもおびえることはない。内面の自由があれば、選択する

ときに洞察することができて後で後悔せずに済む。内面の自由があれば、現在の状態に縛られることなく、未来志向になれるのである。

こうした自由を感じると、人生をクリエーティブに生きることが可能になる。妻に言わせれば、彼女は自分をクリエーティブな人間であるなどと思ったことがないという。これまでの人生の中で出会った芸術家や創造的な人物と比べて、その人たちと同類ではないと感じているからである。しかし私の見るところ、まったくその反対で、彼女は生き方だけでなく自分自身なりの考えをもっていることにおいてとてもクリエーティブなのだ。「真実」に基づく確固たる信念をもっているのだ。何がベストかを知り、信ずることを実行に移すことによって、毎日をクリエーティブに過ごしているのである。他人が決めた目標に駆り立てられることはないし、流行の善し悪しを深く追究せず風潮に流されることなどめったにない。太極拳の師のおかげで、核となるものをもち、難題に向き合っている。また、その知恵を娘に与えようと工夫を凝らし、とても気を配っているのである。

クリエーティブと言ってもさまざまだが、ここで言いたいのは、基礎になるものを体に教え込み身につけることによって核となるものを体得できれば、クリエーティブな人間になれるということである。「柔と剛」の原理を実践すれば、他人から駆り立てられるのではなく、自身の内面からわき出るものによって行動できるということである。

太極拳は「柔と剛」の原理に基づいているが、それは自分自身の中心から動き、生きていくことを意味している。このテーマは、何かとペースの早い世の中のさまざまなことに対処するのに応用できると思う。物事はいつも思いどおりにいくとは限らない。だが、核となるものをもっていれば、何が起きようとクリエーティブにスムーズに対応できると思うのである。

徐先生がこんなことを言っていた。「練習で相手と戦うときは、いつでもどんなことが起こるか考えないようにしている。なぜなら、そのほうがクリエーティブになれるからだ」。そして、中国からアメリカに移り住んだばかりのときに起きたアクシデントについて話してくれた。「食料品店から歩いて帰るとき、6人のギャング（何人かはナイフを手にしていた）に路上で取り囲まれ、金を出せと脅された。断ると襲いかかってきた。大失敗をやらかし

たのだ。気がついたら全員が地面に転がっていて、1人は病院に担ぎこまねばならない羽目になった」。そして言葉を添えた。「私に向かってくるあらゆるものに即座に体が反応し、動いてしまうのだ」。このプロセスには何の思考も伴っていない。純粋にクリエーティブな行為である。これは私の体験だが、狭いトレイルをハイスピードで走り下っているとき、同じようなクリエーティブな経験をしたことがある。岩や樹木がかすんで見える動きの中で、心は静かに落ち着いた状態になっていた。乗り物にゆったり座って、体が走っているのを眺めているような感じだった。それは危ないというより、ダンスをしているような感じの走りだった。

「＜気＞ランニング」で学んだことを日々の「よい習慣」にして役立たせるハウツーは、それだけで一冊の本になるだろう。学んだことを人生に移し変える手っ取り早い方法は本書を始めから読み返し、「走る」や「ランニング」の文字を見るたびに、それを「生きる」や「人生」に読み替えてみることだ。読み替えるとどうなるか、試しにやってみてはいかがだろう。

＜気＞の働きで生きる道しるべ

ビジネスから食料品の買物にいたるまでのあらゆることに取り組むにあたって、第3章の「＜気＞ランニング」のスキルを活用することを勧めたい。常にそれを実践するようにしたい。「＜気＞ランニング」の知恵を人生に移し替える一番よい方法は、第3章の「体で感知」の練習をできれば毎日続けることである。朝一番にやって、体の感触をつかむ。頭の代わりに体を目覚めさせることになり、1杯のコーヒーよりも自分のためになることを信じていただきたい。そうしてから、車に乗って、あるいは机に向かって座ったとき、「体で感知」に戻ってボディスキャンの復習をする。そのときに、凝りや違和感があれば、その部位をほぐすようにする。思い出したとき、いつでも自分の体の状態を感知して、修正し、調整する。姿勢がまっすぐになっていないのに気づいたら正し、呼吸が正しくないのに気づいたら調整する。どこかが堅くなっているのに気づいたら、そこをリラックスさせる。また、核になるものをつくりたいのであれば、四六時中、背骨に注意を払うよ

うにすることを勧めたい。

　日常の活動の中で、背骨に絶えず注意を払うことを勧めたい。背骨と呼吸に気持ちを集中するのは、何世紀も前から瞑想で用いられた中心的なやり方である。座って瞑想し、背骨をずっと静止させておくことに集中すると、補完する動きによって正しい姿勢に整えられる。このようにして、活動の最中にあって動じない姿勢が身につけられるのである。いまこの瞬間に背骨と呼吸に気持ちを集中することを忘れないようにすれば、これからの活動の中に多くの可能性が生まれてくるだろう。

　走るとき、姿勢をまっすぐに保って体の中心に気持ちを集中する。同様に、走っていないときも同じことを応用したい。

●新たな扉を開く

　エディが走り始めたのは3年ばかり前だった。いまではフルマラソンを走るまでになったが、それまで走ったのは列車に遅れそうになったときだけだった。弟が腎臓移植を必要とするような事態になったので、健全なドナーとして必要な体力をつけるためにランニングを始めた。ありがたいことに腎臓を提供しなくて済むことになったのだが、それがきっかけになった。その後、カリフォルニアに移ってますます走るようになり、1年後にはもう初マラソンを完走していた。「〈気〉ランニング」教室の一連のレッスンを経て、次の年はフルマラソンを5回完走。そして昨年はフルマラソン8回、50kmレース3回、それに100kmマラソンを走ったのである。このエディの物語で注目に値することは、56歳という年齢である。そして、何よりもこれほどの長距離を怖がることもなく走るという、この人の前向きな姿勢である。

　2年前に初めて教室に来て以来、集中を実践してきて、いまではどの走りにも利用できる役に立つ道具一式を身につけている。こうなるとランニング中のどんなときに困難に遭遇しても、何をすれば走り通すことができるかわかるのだ。「もっともっと長い距離を走ろうと思うとき、どんなことが頭をよぎりますか？」と聞くと、「やらなければならないのは必要な準備をすること。それがすべてです」と答えてくれた。それは絶えずトレーニング

し、そのプロセスをエンジョイすることを意味しているのである。

　彼のポジティブな姿勢は信じられないほど周囲の人に伝染するのだが、それは必要なことを行うにあたって、どのようにすればいいだろうか、どんなことになるだろうかなどという心配をしてエネルギーを浪費せずに済む内面の自由があるからだと思う。ランニングに対する心構えをかいつまんで話してくれるよう頼んだところ、「走れなかった日でさえも、いい走りを思い起こす日になる。スランプになっても、これ以上悪くなることはない！」と応じてくれた。

　「＜気＞ランニング」を実践する人に託したいのは、何をするにせよ、現実的なビジョンをもち、よく練られた計画を立て、一歩一歩着実に取り組めばすばらしいことを成し遂げられるという自信を感じてもらうことである。

　その場合、基礎になるものをしっかり築いて維持することが必要であり、そうなれば常に前に向かって進むことができる——たとえゆっくりであっても。それを心がけ、何年かかけて自信を培って自分の核となるものが感じられるようになれば、人生をクリエーティブに生きられることになる。こうして得られる内面の自由をもち続けながら、周囲に対しても調和のとれた行動をすることによって、人生を心豊かに生きられることになる。

　＜気＞スキルにだんだん慣れて十分に会得してくるにつれ、できるとは夢にも思わなかったレベルに向けて扉が開かれてくるだろう。おのおののレベルを知り、新たな可能性を見つけることは、エレベーターで超高層ビルの10階ごとの眺めをチェックしながら昇っていくようなものだ。どの眺望もまったく違ったものになり、上の階から見下ろすと、地上では大きく見えたものが小さく見え、大したものではないように思えてくる。ビルの最上階から眺めれば、都市の周辺には実に広々とした開かれた地があり、探検に値する場所があることに気づくだろう。

　クリエーティブに走る、あるいはクリエーティブに生きるということは、どんなものが投げかけられようと怖がらなくなるところまでスキルが磨かれることを意味する。毎日決まって行うことと「＜気＞ランニング」スキルとが一体になって実践されるようになってくると、並外れた生き方があたり前に思えるようになるだろう。

■付録／本書に関連する筋肉等

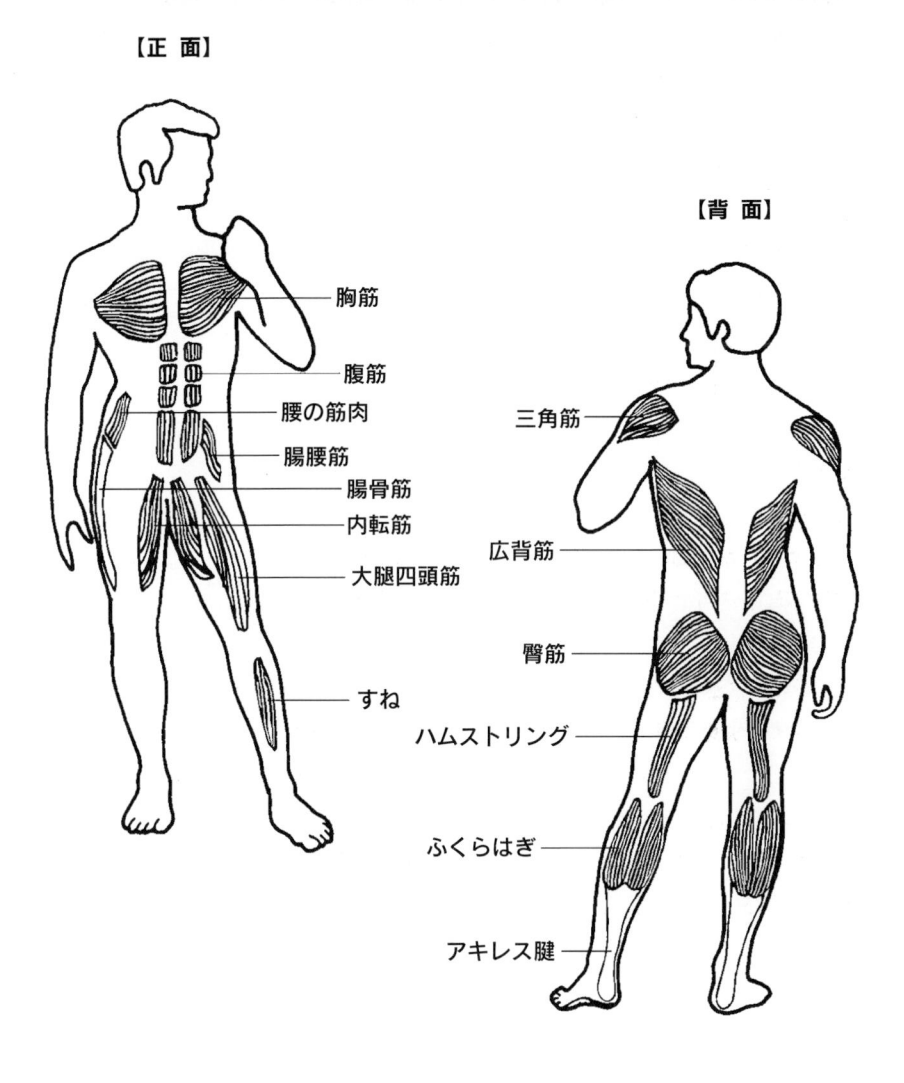

【正面】

- 胸筋
- 腹筋
- 腰の筋肉
- 腸腰筋
- 腸骨筋
- 内転筋
- 大腿四頭筋
- すね

【背面】

- 三角筋
- 広背筋
- 臀筋
- ハムストリング
- ふくらはぎ
- アキレス腱

さくいん

あ 行

アキレス腱 …………………………… 150
足
　〜を上げる …… 63、73、145、146、147、148
　〜の着地 ………………………… 59、76
　〜の拇指球 ……………………… 61、63
脚
　〜の筋肉 ………………… 13、16、22、68
　〜の血液を入れ替える ……………… 98
足裏の筋膜炎 ………………………… 150
足首 ……………………… 40、144、149
　〜を痛める …………………………… 149
インターバル走 ………… 117、118、119、120
　スピード・インターバル …………… 118
　フォーム・インターバル …………… 117
インナーマッスル ……………………
　　　　　　6、13、22、29、49、56、59、62
ウオーミングアップ ………………… 174
腕振り ………………………… 21、66、69、70
うぬぼれは禁物 …………………… 31、52
ウルトラマラソン ………………… 5、13、152
エイドステーション ……………… 158、170
EXERCISE
　足を上げる／棒をまたぐ練習 ……… 63
　脚をぶらりとさせる練習 …………… 64
　肩−腰−足首の軸をつくる練習 …… 55
　傾く骨盤をおこす練習 ……………… 57
　下半身をまっすぐ伸ばす練習 ……… 54
　下腹部の筋肉を強くする練習 ……… 62
　下腹部の筋肉で骨盤を起こす練習 … 140
　体の各部位をスキャンする練習 …… 136
　「体で感知」を学ぶための練習 …… 38
　きつさの違いを感じる練習 ………… 13
　下り坂に対し脚を強くする練習 …… 163
　骨盤を回しストライドを伸ばす練習 … 161
　上半身をまっすぐ伸ばす練習 ……… 53
　砂場での練習 ……………………… 148
　前傾の練習 ………………………… 60
　地についたスタンスの練習 ………… 89
　膝を曲げる練習 …………………… 146
　リラックスさせる練習 ……………… 47
エネルギー効率 ………………… 45、49
エネルギー消費 ………………… 22、29、45
LSD（長距離走）………………… 42、120
オーバートレーニング …… 15、17、28、129
温水浴 ………………………………… 96

か 行

回復と評価 …………………………… 92
カウントダウンタイマー ………… 105、117
かかと着地 ……………… 16、65、76、142
肩 ………………………………… 71、139
下腹部の筋肉 ………… 57、61、68、139
体で感知 …………… 36、37、38、39、40、41
体の準備 ……………………………… 81
体の重心 ………………… 50、58、60、142
体をほぐす運動
　足首を回す ………………………… 83
　肩と背中の上部をほぐす ………… 87、88
　股関節を含む腰部全体を回す …… 84
　骨盤を回す ………………………… 85
　背骨をひねる ……………………… 87
　背骨をほぐす ……………………… 85、86
　膝を回す …………………………… 83
＜気＞ …………………………… 18、19
　〜の流れ ……………… 18、41、52、65、135

〜の働き･････････････････････4、18、34、35
＜気＞ランニング･･････4、19、20、21、22、25
　　〜テクニック･････････････････46、48、52
　　〜とパワーランニングの対比･･･････22
　　〜の原理･･･････････････････････････25
　　〜のスキル･･････････････････････33、68
　　〜フォーム･････････････････････････48
距離･･･････････････････102、103、104、109
筋肉の痙攣･････････････････････････････150
クーリングダウン･････････････････････････93
下り坂
　　走りにくい〜･･･････････････････････162
　　走りやすい〜･･･････････････････････160
首･･････････････････････････････････72、138
苦しみ
　　生産的〜･･････････････････133、134、135
　　非生産的〜････････････････133、134、135
クロストレーニング･･･････････････････････125
グレードアップ･･･････････････････････････126
　　〜のガイドライン･･･････････････････128
　　〜の時機･･･････････････････････････130
　　〜の必要なときを知る方法･･･････････130
　　〜のよりどころ･････････････････････128
ケガの原因･･････････････････････････4、14
肩甲骨･･･････････････････････････････････30
広背筋･･･････････････････････････････････96
股関節････････････････････････････30、65、66
呼吸
　　〜が浅い･･････････････････････････42、43
　　深い〜･･････････････････････････････41
　　腹式〜･･････････････････････････42、43
　　〜法･･････････････････････････41、42、43
心の準備･････････････････････････････････80
腰の筋肉･･････････････････････57、61、66、139
骨盤
　　〜が傾く･･････････････････････････56、57
　　〜を起こす････････････････････････56、57
　　〜を水平に保つ････････････････････56、57
コンディショニング･････････････････116、128

さ 行

坂道走･･･････････････････････････････････122
酸素摂取能力････････････････････････42、121
軸
　　体の〜･･････････････････････････58、73、76
　　〜をつくる･････････････････････････53、58
姿勢
　　前傾〜･･･････････････････････････61、66
　　適正な〜･･････････････････････････････52
　　〜を正す･･････････････････････････････53
自然な動き･･････････････････････4、31、32、46
自然法則･･････････････････････21、23、24、31、32
シューズ････････････････････････････････････153
　　〜の選び方･･･････････････････････････154
　　〜の履き心地･････････････････････････154
　　〜柔軟性･････････････････････････････154
　　〜クッション性と軽量････････････････154
　　〜のひも･････････････････････････････157
　　〜を履き慣らす･･･････････････････････156
集中
　　気持ちを〜････････････････････34、35、36
　　フォームに〜･････････63、104、105、124、152
柔と剛･････････････････････25、53、114、177、179
重力に引っ張られる････････････････48、50、58
食事･･････････････････････････････････81、97、172
徐々に進歩･･･････････････････････････27、28、51
シンスプリント障害･･････････････････17、63、64
靱帯と腱････････････････････････22、25、48、49、50
水分補給････････････････････････81、98、171、172
ストライド･････････････････････65、67、68、123、161
ストレッチング･････････････････････････････93
　　アキレス腱の〜･･･････････････････････94
　　広背筋の〜････････････････････････････96
　　腰の筋肉の〜･････････････････････････94
　　大腿四頭筋の〜････････････････････････96

内転筋の〜 ･･････････････････････ 95
　ハムストリングの〜 ･･････････････ 94
　ふくらはぎの〜 ･･････････････････ 94
すね ･･････････････････････････････ 144
スピード ･･･････････････ 102、106、109
生体力学的 ･･････････････････････ 14、22
生命エネルギー ････････････ 18、45、46
背骨のひねり ･･････････････････ 48、162
前傾 ････････ 48、49、50、58、59、60、61、62
仙骨 ･･････････････････････････････ 82

た 行

体幹 ･･･････････････････････････ 6、53、54
太極拳 ･･････････････････････ 6、7、19、25
大腿四頭筋 ･･････････････････････ 141
丹田 ･･････････････････････････ 19、25、89
地形 ･･････････････････････････････ 169
恥骨 ･･････････････････････････････ 140
地についたスタンス ･･････････ 89、139
中心
　〜から動く ･･････････････････ 25、26
　体の〜 ････････････････ 25、26、50、56
長距離走 ････････････････････ 42、120
腸腰筋 ････････････････････････････ 13
疲れたときの対処 ････････････ 152、175
臀筋 ･･････････････････････････ 61、142
テンポ走 ････････････････････････ 122
トライアスロン ･･････････････ 62、106
トレイルランニング ･･････････････ 159
トレーニング
　〜計画 ････････････････････････ 101
　結果重視の〜 ･････････････････ 15
　〜スケジュール ･･････････････ 115
　〜のテーパリング ･･･････ 171、173
　〜の配合 ･･･････････････････ 116
トレッドミル ････････････････････ 156

な 行

内気導引 ･･････････････････････････ 19
内転筋 ･･････････････････ 54、95、125、142
内面の自由 ･･････････････ 35、46、178、182
乳酸 ･････････････････････････ 16、49、93
ねじりモーメント ････････････ 54、142
上り坂 ････････････････････････････ 159

は 行

走った後のケア ････････････ 79、80、92
走り始め ･･････････････････････ 73、91
走る前の準備 ････････････････ 79、80
裸足で走る ･･････････････････････ 155
ハムストリング ･･････････････････ 141
バランス ････････････････････ 30、126
　〜状態 ････････････････････ 126、127
　〜と進歩 ･･････････････････ 127、128
　〜のとれた動き ･･････････････ 30、31
パワーランニング ･････････ 15、16、17、18
ピーキング ･････････････････ 165、166、167
尾骨 ････････････････････････ 144、164
膝 ････････････････････････････････ 142
　〜から下 ･･････ 64、144、148、149、150
　〜痛 ･･････････････････････････ 142
肘 ･･････････････････････････ 21、69、70
ピッチ ････････････････････ 66、67、68、144
評価
　体の〜 ････････････････････････ 111
　現状〜 ････････････････････････ 110
　心の〜 ････････････････････････ 111
　スキルの〜 ･･･････････････････ 112
ファンラン ･････････････････････ 121
フォーム
　下半身の〜 ･･･････････････････ 62
　上半身の〜 ･･･････････････････ 69
　正しい〜 ････････････ 48、49、50、104

～改造 …………………………… 103、104
フォームの問題解決
　　アキレス腱を痛める ……………… 150
　　足首を痛める ……………………… 149
　　足取りが重い ……………………… 145
　　足を上げるのが難しい …………… 147
　　インナーマッスルの働き ………… 138
　　肩の凝り …………………………… 139
　　首の問題 …………………………… 138
　　股関節を含む腰部全体が堅い …… 141
　　呼吸の問題 ………………………… 138
　　腰が強張る ………………………… 139
　　重力に引っ張られる感じ ………… 138
　　すねとふくらはぎの痛み ………… 144
　　大腿四頭筋を痛める ……………… 141
　　正しい姿勢を感じ取る …………… 137
　　臀筋が堅くなる …………………… 142
　　ハムストリングの痛み …………… 141
　　膝を痛める ………………………… 142
　　ピッチを保つ ……………………… 144
ふくらはぎ ……………………………… 144
不必要な努力をなくす ………… 44、45、46
振り子の原理 ……………………… 21、70
プロセスとゴール ………………… 19、34

ボディスキャン ………………………… 135

ま行

瞑想 ……………………………… 106、181
メトロノーム …………………………… 68
目標
　　"体"重視の～ ………………… 113、114
　　結果重視の～ ………………… 113、114
モチベーション
　　外からの～ ………………………… 17
　　内面からの～ ……………………… 17

や行

腰痛 ……………………………… 57、139

ら行

ランニング記録／日誌 …………… 99、110
ランニング計画 ………………… 110、116
リラックス ………………… 44、45、46、47
レース向けトレーニング …… 168、169、171

訳者あとがき

柏木幹男

原書との出会い

60歳代の終わりになって足腰の故障に悩まされるようになり、足を痛めない走り方はないものかと考えるようになった。30年間ずっと故障知らずできたのでフォームなど気にしていなかったのだが、自分の走り方に疑問を抱き始める。

足を痛めない走り方を求めていろいろ模索し調べては試しているうちに、「injury-free（ケガをしない）」を強調した原書が見つかった。"自然な動き"の"足に優しい"走り方であり、とても説得力があったので試してみると、うまくいきそうだったのでフォーム改造に取り組むことにした。2〜3ヵ月で効果が現れ始め、足を痛めることもなく以前よりもラクに走れるようになってきた。そろそろ年貢の納め時かと思っていたのに、古希を迎えての再出発になったのである。

足を痛めない走り方を求める人、効率のよい走り方を求める人、年を重ねても走りたい人、ランニングを始めようと思っている人、そしてランニング人生を楽しみたい人に、ぜひこの走り方の存在を知ってもらう必要があると思った。この思いが通じ、大修館書店の好意で翻訳出版の運びとなった次第である。

＜気＞（生命エネルギー）

これに関係ありそうな日本語を挙げてみると、気持、気分、気力、元気、活気、気合、勇気、意気、気鋭、気勢、気概、精気、覇気、気迫……などきりがないほどたくさんある。このことは、＜気＞という目に見えない何かが心身に作用していることを先人が教えてくれているようにも思える。

太極拳の本によれば、「トレーニングを積めば＜気＞（生命エネルギー）

の流れが感じられるようになる」という。ランニングの場合はどうなのだろうか？

　つたない私の体験にすぎないのだが、本書の走法に従い、気持ちを集中して走っているうちに、身も心もリラックス状態になってすいすいと滑らかに前に進み、気持ちよくラクに走れるようになるときがある。このとき、おそらく＜気＞（生命エネルギー）の流れがよくなっているのではないかと思う。ただし、このような状態になるのは 42.195km 走るうちの 1/3 にも満たないのだから、まだまだ会得できていない証左だろう。

「集中」と「リラックス」

　＜気＞ランニングの 4 つのスキル、「集中」「体で感知」「深い呼吸」「リラックス」を習得するにあたって、まだ習得初期の段階の話ではあるが、このうちの「リラックス」が一番難しいのではないかと思う。特に、股関節を含む腰部全体と膝から下をリラックスさせるのが難しくて、リラックス状態を持続させるのに難儀している。「集中」についても長続きさせるのが難しくて、ランニング中に取り留めのないことを考え、気が散って心がさまよっている。こうしたこともまた、スキルがまだまだ身についていない証左だろう。

　また、生活していく中でのさまざまな場面で「集中すること」と「リラックスすること」の難しさを痛感させられている。「集中」と「リラックス」は、これからの私の人生における課題でもある。

【著者紹介】
ダニー・ドライヤー
「＜気＞ランニング」テクニックの創始者。ランニングコーチとして高い評価を受け、ランナーとしても全米の上位にランクされる（ウルトラマラソン）。走暦30年以上のベテラン。国際的に有名な太極拳の師、徐谷鳴氏に師事。自作の『＜気＞ランニング』月報を創刊。何千人もの人に「＜気＞ランニング」法を指導し、大きな成果を挙げる。ホリスティックな生活、瞑想、心身の快適状態などに深く関わりあうライフスタイルをとる。妻のキャサリン、娘のジャーニーとサンフランシスコ湾岸地域に在住。

キャサリン・ドライヤー
健康とフィットネスに関して20年以上の出版経験をもち、東洋の哲理と風習について16年間研究。自然派健康ビジネス、ニュー・ホープ・コミュニケーションズ社社長、健康食品販売サイトの副社長を務める。本書の他に、ダニーとの共著に『＜気＞リビング』『＜気＞ウオーキング』がある。

【監訳者紹介】
金 哲彦（きん・てつひこ）
1964年福岡県出身。早稲田大学競走部時代は中村清監督の下、箱根駅伝5区で2年連続区間賞を獲得。"山登りの木下（旧姓）"として名を馳せる。リクルート時代の1987年には別府大分毎日マラソンで3位入賞。リクルート陸上競技部監督を経て、陸上のクラブチーム「NPO法人ニッポンランナーズ」を創設。現在、同理事長。日本オリンピック委員会強化コーチ、日本体育協会公認陸上競技コーチ。市民ランナーからオリンピックランナーまでの幅広い指導と、テレビやラジオの駅伝・マラソン中継の解説者としても活躍中。著書に『カラダ革命ランニング』（講談社）、『3時間台で完走するマラソン』（光文社）、『金哲彦のランニング・メソッド』（高橋書店）など多数。

【訳者紹介】
柏木幹男（かしわぎ・みきお）
1935年福岡県出身。九州大学工学部を卒業後、大手石油会社に勤務。健康のために40歳をすぎてランニングを始め、46歳のとき初マラソン完走、49歳のときサブスリー達成。現在まで、フルマラソン完走74回（うち海外24回）。フル100回完走と生涯ランナーを目標に各地の大会に出場中。最近の記録は、3時間43分49秒（72歳）。趣味はギター、テニス、囲碁（アマ六段）、洋書訳読多数。

無理なく走れる〈気〉ランニング	
© Tetsuhiko Kin 2008	NDC 782 vii, 189 p 21 cm

初版第 1 刷──2008 年 5 月 20 日

著　者───	ダニー・ドライヤー／キャサリン・ドライヤー
監訳者───	金　哲彦
訳　者───	柏木幹男
発行者───	鈴木一行
発行所───	株式会社大修館書店
	〒101-8466　東京都千代田区神田錦町 3-24
	TEL：03-3295-6231（販売部）　03-3294-2358（編集部）
	振替：00190-7-40504
	［出版情報］http://www.taishukan.co.jp
編集協力───	錦栄書房
装　丁───	石山智博
印刷所───	壮光舎印刷
製本所───	難波製本

ISBN 978-4-469-26645-0 Printed in Japan

Ⓡ本書の全部または一部を無断で複写複製（コピー）することは，著作権法上での例外を除き禁じられています。

マラソンを走る・見る・学ぶ Q&A 100

山地啓司 著

元ランニング学会会長のマラソン博士が市民ランナーやトップ選手、コーチやマスコミ関係者から寄せられた様々な質問に平易に答えた、見て、読んで楽しいマラソン百科。

四六判・240頁・本体価格 1,500円

市民ランナーのための
マラソン挑戦 100 日プログラム

ジョー・ヘンダーソン 著　山地啓司 監修　渡植理保 訳

マラソン大会に出場を決意したランナーが、練習を開始して大会に出場するまでの100日間をどう過ごすかに具体的に答える。記入式日誌付。

A5判・256頁・本体価格 1,800円

ランナーのメンタトレーニング

ジョー・ヘンダーソン 著　山地啓司 監訳　渡植理保 訳

レース場面での精神的対処法、苦難に屈しない精神力を鍛える方法など、特にランナーの内面的な心の問題を解決するために、スポーツ心理学の研究成果や一流選手の力ある言葉を引用しながら解説。

四六判・290頁・本体価格 1,300円

スポーツQ&Aシリーズ
ランニングワンポイント・コーチ

山地啓司、山西哲郎、有吉正博 著

ジョギングを始める人やレースを目指す人の疑問や悩みに、写真や図を駆使して答えた「ランナーによるランナーのための解説書」。

A5判・338頁・本体価格 1,500円

定価＝本体＋税5％（2008年4月現在）